성경 특급교사

성경 특급교사

테리 홀 지음 ● 안종환 옮김

규장

"당신도 성경 특급교사가 될 수 있다!"

이 책을 펼친 한국 독자들에게 감사드린다. 당신이 하나님의 말씀인 성경을 더욱 창조적이고 효과적으로 가르치는 교사가 되고자 하는 일에 관심과 열정을 지니고 있다는 사실이 무척 기쁘다.

성경 말씀은 성령님의 영감(靈感)으로 기록된 책이며, 지금도 성령님은 교사인 우리와 우리의 학생들 안에서 성경을 살아 있고 활력 있게 만드시는 분이다. 성령님은 최고의 성경 교사이시며, 창의력의 주인이시다. 따라서 성령님은 우리에게 성경을 가르치시며 또한 창의력을 부어주셔서 성경 말씀을 새롭게 가르치길 원하신다.

창세기의 창조 기사를 읽어보면 우리의 창조자 되시는 하나님께서는 다양성을 좋아하셨다는 사실을 발견할 수 있다. 세상에는 1만 여 종이 넘는 종(種)의 조류가 있으며, 수많은 눈꽃 가운데 결정 모양이 같은 것은 없다. 또한 지구상의 70억 인구들은 각기 유일무이한 지문,

망막 그리고 DNA를 가졌다. 예수님도 제자들을 가르치실 때 시각 자료 등 여러 방법을 사용하셨다. 하나님과 그분의 말씀을 선포하고 가르쳤던 성경 인물들의 다양한 방법을 발견했을 때 나는 놀라움을 금치 못했다. 이러한 그들의 방법은 하나같이 영적 요지를 이루어나가는 데 사용되었다. 이처럼 좋은 성경 가르침은 다양한 방법들을 사용하는 것이다.

따라서 우리 역시 주일학교 시간 학생들에게 성경을 가르칠 때 각 시간마다 가장 효과적으로 가르칠 수 있는 방법이 무엇인지 늘 깨어서 연구해야 한다. 성경을 가르치는 방법은 한 가지에 국한되어 있는 것이 아니라 수없이 많고 다양하기 때문이다.

하나님께서는 이 땅에서 당신의 작업을 혼자서 모두 성취할 수 있으시다. 그러나 하나님은 그 일에 사람을 사용하기로 결정하셨다. 교사인 우리는 하나님의 말씀인 성경을 가르치는 일에 부르심을 받았다.

주일학교에서 학생들을 가르치다보면 적극적으로 수업에 참여하는 학생들이 재미와 학습 향상 모두를 얻어가는 것을 알게 된다. 마부는 말을 물가로 이끌 수는 있지만, 억지로 물을 먹일 수는 없다. 그러나 말에게 소금을 주어 말로 하여금 목이 말라 물을 찾도록 할 수 있다. 이와 같이 주일학교 교사인 우리도 학생들에게 소금을 주어 성경에 대한 흥미를 느끼며 탐구욕을 가지고 공부하도록 인도해야 한다.

이 책은 바로 소금과 같은 역할을 하는데, 이 책의 유익을 정리하면 다음과 같다.

- 하나님과 성경에 대해 열정적이고 긍정적인 시각과 자세를 갖는다.
- 교사이기 전에 성숙한 그리스도인으로 아이들을 대하고 사랑하게 된다.
- 성경은 딱딱하고 재미없다는 학생들의 인식을 180도 변화시킨다.
- 학생들이 매주 주일학교 시간을 기다리게 된다.
- 주일학교 교과과정 안에서 학생들이 더욱 많은 것을 직접 수행한다.
- 학생들이 성경 구석구석뿐 아니라 방대한 성경의 전체 숲을 본다.
- 학생들이 어려운 성경 본문도 정확히 꿰뚫어본다.
- 틀에 박힌 방법이 아니라 창조적인 수업 방법을 제시한다.
- 학생들이 적극적이고 능동적인 학습자가 된다.
- 성경 말씀을 삶에 적용시키는 구제적인 교수법을 알려준다.
- 학생들이 성경 말씀을 쉽고 재미있게 암송한다.
- 같은 내용을 지루하지 않게 반복 학습하도록 가르친다.

나는 이 책을 기초로 하여 한국 교회와 다른 여러 곳에서 '창조적인 교사 세미나'를 개최한 특권을 누렸다. 예수님은 오늘날도 그분의 교회를 세워가고 계신다. 다른 이들에게 예수님을 알리고 가르치는 적극적인 역할을 감당한다는 것이 얼마나 신나고 귀한 일인가!

성령님의 인도하심을 따라 이 책에 소개된 다양한 방법들을 적용하여 학생들과 함께 성경을 즐겁게 배워보자. 이 책이 성경 특급교사가 되도록 당신을 도와줄 것이다.

당신이 최고의 성경 교사가 될 수 있기를 기원한다!

지혜 있는 자의 혀는 지식을 선히 베풀고 미련한 자의 입은 미련한 것을 쏟느니라 잠 15:2

테리 홀

한국 독자들을 위한 선문

PART 1 예수님처럼 가르치는
성경 특급교사 되기

How to Be the Best
Sunday School Teacher You Can Be

CONTENTS
차례

PART 2 성경 특급교사가 가르치는
주일학교 어드벤처

예수님처럼 가르치는
성경 특급교사 되기

PART
1

성경대로 생각하기

01

시각

"달걀을 죽은 암탉 품에 넣지 말라"라는 말은 농부뿐만 아니라 교사에게도 적용되는 좋은 속담이다. 죽은 닭은 생명을 품을 수 없다. 자신이 가지고 있지 않은 것을 다른 사람들에게 나누어줄 수 없기 때문이다.

이와 마찬가지로 주일학교 교사도 수업 준비가 제대로 되어 있지 않으면 학생들에게 성경에 대해 또는 올바른 그리스도인의 삶에 대해 정확하게 가르칠 수 없다.

다음의 그림에서 알 수 있듯이 만일 당신이 휴가 때 차를 몰고 여행을 떠났는데, 그전에 도로 주행 안내서를 숙지하지 않아 운전 중에 그것을 살펴본다면 어떻게 되겠는가? 목적지에 안전하게 다다를 수 없을 뿐만 아니라 함께 타고 있는 가족이나 같은 도로를 이용하고 있는 다른 운전자들에게 적잖은 피해를 주게 될 것이다. 이처럼 무슨 일을

하든지 그 일에 합당한 준비 과정이 필요한 법이다.

그렇다면 주일학교 교사는 학생들에게 성경을 가르치기에 앞서 어떤 점을 준비해야 할까? 성경 특급교사가 되기 위해서는 무엇보다 먼저 다음의 네 방향 위, 아래, 안, 밖에서 바라볼 수 있는 시각을 갖추어야 한다.

- 위 쳐다보기 : 주님을 바라보라
- 아래 살펴보기 : 성경을 살펴보라
- 안 들여다보기 : 마음을 들여다보라
- 밖 내다보기 : 학생들을 내다보라

가르침에 대한 영적(靈的) 준비는 그리스도 안에서 새로운 생명을 얻는 것으로 시작한다. 교사는 개인적으로 '거듭남의 확신'이 있어야 한다. 영생에 대한 확신의 기초는 '예수 그리스도' 한 분뿐이다. 구원은 그리스도께서 우리를 위하여 우리의 죄를 용서하시고 하나님의 자녀로 삼으셨음을 믿음으로 받는 것이다. 이것은 우리 스스로는 절대 할 수 없다.

이 새로운 출생은 영적 삶의 시작이며, 이로부터 하나님과의 관계가 자라게 된다. 우리는 우리를 사랑하시는 하나님 아버지께 '고백', '경배', '간구', '감사', 이 네 가지로 기도함으로써 그분의 돌보심을 구할 수 있다.

'고백'은 우리가 스스로의 힘으로는 하나님의 영광에 이를 수 없음에 동의하고, 주님께 마음을 열고 정직하게 말하는 것이다. 우리가 친구에게 잘못했을 때 용서를 구하는 것처럼 무언가가 하나님과 우리 사이를 가로막고 있다고 하나님께서 지적하실 때 그것을 겸손히 인정하며 하나님께 용서를 구해야 한다. 그러면 성령님께서 우리의 심령을 충만하게 채워주실 것이다.

성령은 교사들을 가장 크게 변화시킨다. 교사로서 학생들에게 본(本)이 되는 가장 아름다운 모습은, 성령이 어떻게 우리의 삶을 변화시켜주셨는지 보여주는 것이다.

'경배'는 하나님의 속성에 따라 하나님을 예배하는 것이다. 당신은

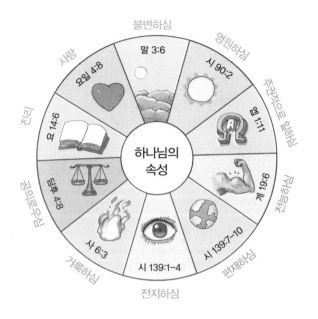

하나님의 속성에 대해 몇 가지나 말할 수 있는가? 하나님은 언제나 존재하시며, 모든 것을 다스리시며, 전지(全知)하시며, 전능하시며, 편재(遍在)하시며, 거룩하시며, 공의로우시며, 진실하시며, 모든 것을 사랑하시며, 결코 변하지 않으시는 분이다.

하나님의 속성에 따라 경배하면 그분과의 관계에 있어 하나님이 누구이시며, 우리가 누구인지를 올바르게 인식하는 데 도움이 된다. 예를 들면, 하나님은 전지하시기 때문에 우리는 아무것도 그분께 숨길 수 없다. 또한 우리의 생각이나 행함으로는 그분을 놀라게 할 수도 없다. 우리는 우리의 모든 것을 알고 계시며 우리를 사랑하시는 하나님과의 관계에 확신을 가져야 한다.

'간구'는 자기 자신이나 다른 사람들의 필요를 하나님께 알리는 것을 뜻한다. 개인적인 간구는 자신의 일상적 필요에 대해 하나님께 의존해야 함을 인정하는 것이다.

교사에게는 지혜와 창조의 성령에 대한 열린 마음과 학생들의 영혼에 대한 민감성이 필요하다. 또한 교사는 수업 시간마다 사랑과 열정의 불이 마음속에서 피어나도록 주님께 구해야 한다. 주일학교에서 무슨 일이 일어나든지 교사는 늘 하나님과 하나님 말씀에 긍정적인 태도뿐 아니라 열심을 지녀야 한다.

하나님께 좀 더 구체적으로 간구하기 위한 기도제목과 하나님께서 그 기도를 어떻게 이루어주셨는지를 기록하는 개인별, 학급별 기도수첩을 만들수 있다. 기도수첩에 기도응답을 받은 날짜를 기록하며 하나님께 감사하는 내용을 구체적으로 기재하도록 한다.

주일학교 교사는 무엇보다 기도하는 사람이 되어야 한다. 한 주간 동안 요일별로 중보할 학생과 기도제목을 정해서 기도해보자. 기도는 교사와 학생들이 하나님의 목적에 더 분명하게 초점을 맞추고 하나님의 말씀대로 살도록 도와준다. 하나님께 성경 말씀을 더 잘 이해하고 잘 가르칠 수 있는 지혜를 달라고 간구하는 교사가 되자.

'감사'는 하나님의 선한 은사들에 대한 감격의 마음을 표시하는 것이다. 우리는 성경 말씀에 우리의 이름이나 학생의 이름을 넣어서 큰 소리로 읽으며 기도할 수 있다.

빌립보서 1장 9-12절 말씀에서 '너희'에 해당하는 부분에 학생의 이름을 넣어 읽어보자.

내가 기도하노라 ☐☐(의) 사랑을 지식과 모든 총명으로 점점 더 풍성하게 하사 ☐☐로 지극히 선한 것을 분별하며 또 진실하여 허물 없이 그리스도의 날까지 이르고 예수 그리스도로 말미암아 의의 열매가 가득하여 하나님의 영광과 찬송이 되기를 원하노라.

기도를 마친 다음에는 가만히 앉아서 하나님께서 우리가 원하는 모든 것을 해주시기만을 기대하고 있어서는 안 된다. 하나님의 동역자로서 우리에게도 책임이 있다. 하나님께서는 모세가 홍해를 향해 팔을 뻗었을 때 비로소 바다를 가르셨다. 우리는 우리가 할 수 있는 것을 하고, 하나님께는 우리가 할 수 없는 모든 것을 해주시기를 구해야 한다. 수업 시간에 학생들을 가르치는 것은 교사이지만, 학생들이 자신의 태도나 행동을 바꾸도록 죄를 깨닫게 하는 분은 하나님이시다.

당신의 마음에 학생들을 잘 가르치고자 하는 열정의 불길이 일어나고 있는가? 하나님이 성경을 가르치는 특권을 당신에게 주신 것에 대하여 매일매일 하나님께 감사하는가? 주일학교 교사는 세상에서 가장 위대하고, 모든 일보다 가장 먼저 해야 하는 일을 하고 있는 것이다.

성경을 살펴보라

성경을 가르치는 것은 다섯 개의 단으로 된 사다리 꼭대기로 올라가는 것이라 생각할 수 있다. 성경을 가르치는 다섯 단계를 쉬운 것부터 차례대로 말하면 '듣기', '읽기', '연구하기', '암송하기', '적용하기'이다.

먼저 '듣기'이다. 우리는 예배 시간에 말씀을 듣는다. 교사가 예배를 잘 드리지 않고 어떻게 학생들이 예배를 잘 드릴 것을 기대할 수 있겠는가? 수많은 교사들이 설교 말씀을 들으며 그 내용을 기록할 때 그 메시지로부터 더 많은 것을 얻을 수 있다는 사실을 경험으로 알고 있을 것이다.

성경 '읽기'는 매일의 기쁨이 되어야지 의무가 되어서는 안 된다. 말씀을 읽을 때 성경의 장마다 제목을 달거나 간단히 기록하는 습관은 성경 내용을 이해하는 데 유익하다. 물론 요즈음 성경에는 장 제목이 달려 있는 경우가 많지만 성경을 읽으면서 자신만의 언어로 내용을 정리해보는 것은 성경 이해에 큰 도움이 된다.

장 제목은 성경책 여백에 적거나 노트를 준비하여 따로 기록할 수 있다. 좋은 제목은 심오하거나 기발해야 하는 것이 아니라 간결하면서도 말씀의 주제를 분명하게 나타내는 것으로 서너 단어 정도가 적당하다. 예를 들면 에베소서 1장은 '삼위일체 하나님의 구원'이라고 제목을 붙일 수 있다.

제목을 붙이려고 하는 장이 긴 경우에는 먼저 몇 개의 문단으로 나누어 소제목을 붙인 다음 그 장의 제목을 붙인다. 야고보서 1장의 경우 1-11절은 '시련을 주는 외적 시험', 12-18절은 '죄에 대한 내적 유혹', 19-27절은 '하나님의 말씀을 듣고 행하기'와 같이 소제목을 붙일 수 있다. 이 세 가지 소제목을 결합하여 1장의 제목을 붙이면 '시험, 유혹, 말씀 행하기'가 된다. 제목이 반드시 완전한 문장이 되어야만 하는 것은 아니며 조사나 접속사를 생략할 수도 있다.

제목 붙이기는 성경 읽기에서 더 많은 것을 얻게 하며 하나님의 의도를 파악하는 데 도움이 된다. 자신이 작성한 제목 목록을 훑어보기만 해도 그 성경에서 무엇을 말하고 있는지 바로 생각나게 된다.

성경 읽기가 하나님 말씀에 대한 뼈대를 보게 한다면 성경 '연구하기'는 이 뼈대에 살을 붙이는 것이다. 성경 연구는 성경 읽기보다 성경을 더 깊이 탐구하는 것이다. 이때 사용되는 최선의 도구가 육하원칙이다.

누가   무엇을   언제   어디서   왜   어떻게

성경 말씀을 읽을 때 이 여섯 가지 질문, 육하원칙에 대해서 답을 찾아본다. 각 성경, 장 및 문단에 따라 육하원칙 중 한두 가지로 질문을 하고 이에 대해 답해볼 수도 있다.

- 이 말씀에서 주요 인물은 누구인가?
- 이 말씀을 기록한 사람은 누구인가?

- 이 말씀에서 우리는 **무엇**을 배울 수 있는가?
- 이 말씀에 나타나는 주된 활동이나 중심 생각은 **무엇인가**?

  주요 활동을 차례로 적어보거나 한 문장으로 요약해본다.
- 이 말씀의 역사적 배경은 **언제인가**?
- 이 말씀에서 주된 장소는 **어디인가**?

  그곳을 성경지도에서 찾아보고 성경사전에서 그곳에 대한 설명을 읽어

  본다.
- 성경에서 **왜** 이 말씀을 한다고 생각하는가?
- 이 말씀이 없다면 우리는 **무엇**을 잃게 되는가?
- 이 말씀을 우리의 삶에 **어떻게** 적용할 수 있겠는가?

수많은 성경의 사건들을 개인적으로 적용하지 않고 단지 아는 것에 그친다면 이는 우리가 누릴 영적인 복과 무관한 것이 된다. 우리는 성경을 읽고 그것을 연구함으로써 하나님을 기쁘시게 하는 결단을 하며 이를 실천하기 위한 계획을 세워야 한다. 또 이를 기록해두는 일도 중요하다.

우리가 성경을 읽으면서 품게 되는 질문을 적어놓는 것 역시 유익하다. 잘 알지 못하는 성경인물이나 좀 더 알아보고 싶은 시기 및 풍습 또는 난해한 구절 등에 대한 사실 관계에 대한 질문들을 적어보자. 또는 그 의미를 생각해보는 질문이 될 수도 있다.

의문이 생길 때 바로 질문들을 적어놓으면 나중에 더 자세한 연구를

통해 그 해답을 얻을 수 있다.

이런 질문들에 대하여 해답을 추적해나갈 마음의 준비가 되었다면, 이제 그 해답을 어떻게 찾아 나아갈 수 있을지 생각해보자.

먼저 성경에 나와 있는 해설이 도움이 될 수 있다. 좋은 성경 사전이나 성경 백과사전도 도움이 될 것이다. 어려운 질문에는 연구하고 있는 성경 본문에 대한 주석서가 필요할 수도 있다. 성경에 대한 질문 중에는 일반적인 백과사전으로도 충분한 도움을 얻을 수 있다는 사실을 간과하지 말라.

다음에 성경 연구 노트로 활용할 수 있는 '개인 성경연구 노트 견본 양식'을 제시했다. 모든 장이나 문단이 육하원칙에 따른 정보를 모두 갖고 있지는 않다. 경우에 따라서는 인물에 대한 언급이 없거나 장소에 대한 언급이 없을 수도 있다. 따라서 이 양식 전부를 사용해야만 하는 것은 아니며 한두 번에 모든 칸을 채워야만 하는 것도 아니다.

성경에 있는 금광을 직접 파내가다 보면 우리가 성경을 더 잘 이해하게 되고 그 과정에서 발견된 말씀의 진가에 감사하게 될 것이다.

개인 성경 연구 노트

성경 본문   룻기 2장   **성경 기자**   알 수 없음, 또는 사무엘

기록 연대   주전 1010~97년 경   **등장 인물**   룻, 보아스, 나오미

배경

이스라엘 사사 시대에 가나안 땅의 흉년을 피해 이웃 나라 모압으로 간 나오미 집안은 그곳에서 남자들이 모두 죽게 되는 불행을 겪는다. 나오미는 모압 여인이지만 하나님을 따르고자 하는 자신의 며느리 룻과 함께 고향 베들레헴으로 돌아온다.

주제   룻의 섬김

주요 내용

룻이 생계를 위해 나오미의 남편 엘리멜렉의 친족인 보아스의 밭에서 이삭을 줍는다. 그 과정에서 보아스와 룻이 만나게 되며, 보아스는 룻에게 친절과 은혜를 베푼다. 이 이야기를 룻에게 들은 나오미는 룻과 보아스의 결합을 생각한다.

주요 구절   룻기 2장 12절

질문과 대답

Q 2장 20절에 나오는 "기업 무를 자"란 무엇을 의미하는 걸까?

A 이는 '친족 구제자'를 가리킨다. 친족 구제자란 가문 내의 어떤 집안이 위기에 처했을 때나 자손의 대를 이어갈 수 없게 되었을 때 친족에게 도움을 주는 가깝고 영향력 있는 친척을 뜻한다.

깨달은 점

- 나오미를 보살피고자 자원해서 다른 이의 밭에서 이삭을 줍는 룻의 효성이 아름답다.
- 그동안에 행했던 룻의 섬김을 칭찬하며 룻에게 선행을 베풀고 축복하는 보아스의 삶을 하나님께서 기뻐하실 것이다.

삶의 적용

- 내 일을 스스로 하며 부모님께 효도하는 삶을 살아야겠다.
- 작은 일이라도 도움을 주는 친구의 섬김에 아낌없는 칭찬을 하며, 받으며 사는 사람보다 베풀며 사는 사람이 되어야겠다.

개인 성경 연구 노트

성경 본문   성경 기자

기록 연대   등장 인물

배경

주제

주요 내용

주요 구절

질문과 대답

Q

A

깨달은 점

　•

　•

삶의 적용

　•

　•

다음은 '암송하기'이다. 말씀을 외우는 것은 성경을 가르치기 위한 매우 좋은 방법이다. 새로운 학기가 시작되면 그 기간에 외워야 할 암송 구절을 카드에 적어 주머니나 가방에 넣고 다니면서 외우게 하는 것이 도움이 된다. 시간이 날 때마다 말씀을 외우거나 잠들기 직전에 말씀을 묵상하다보면 성경 공부 시간에 그 말씀을 얼마나 잘 이해하게 되는지 놀라게 될 것이다.

마지막으로 '암송하기'이다. 성령님은 교실에서뿐 아니라 우리의 삶 가운데 말씀이 생생하게 역사하게 하는 분이심을 잊지 말라.

내 눈을 열어서 주의 율법에서 놀라운 것을 보게 하소서 시 119:18

깨달은 하나님의 말씀에 대하여 하나님께 감사하고 그 말씀을 적용하도록 도움을 구한다. 성경의 듣기, 읽기, 연구, 암송 및 적용에 대한 더 자세한 내용은 《성경 내비게이션》(규장 역간)을 참조하라.

마음을 들여다보라

주일학교 교사는 성경을 다른 사람에게 가르치기 전에 먼저 자신에게 그 말씀을 적용해 자신의 것으로 만들어야 한다. 교사는 나무가 되어야지 수도관이 되어서는 안 된다. 수도관처럼 성경 말씀을 그저 다른 사람에게 전달만 하는 자가 되면 안 되고, 성경 말씀을 인격적으로 받아들여 그 말씀으로 변화되어야 한다. 교사 자신이 영적 양식인 성경 말씀을 흡수하여 다른 사람들에게 복이 되는 열매를 맺어야 하는 것이다. 우리는 그저 울려 퍼지는 스피커가 되기보다는 생명의 편지가 되어야 한다.

우리가 성경을 공부할 때 성경에 대한 것뿐만 아니라 우리 자신에 대해서도 질문을 해야 한다. 우리의 태도와 행동을 하나님 말씀의 관점에서 분석하기 위한 다섯 가지 질문의 첫 글자를 모으면 영어로 SPECS(설명서)가 된다. 이 다섯 가지 질문은 다음과 같다.

Sins to forsake	버려야 할 죄는?
Promises to claim	힘껏 주장해야 할 약속은?
Examples to follow	따라야 할 모범은?
Commands to obey	순종해야 할 명령은?
Stumbling blocks to avoid	피해야 할 걸림돌은?

또한 우리가 그리스도의 장성한 분량에까지 자라기 위해서는 "주님, 제가 지금 무엇을 해야 합니까?"라는 질문으로 자신을 살펴보고, 오늘 내가 할 수 있는 것을 한 가지 이상 찾아보는 것도 좋다.

학생들을 내다보라

당신은 학생을 '문제'로 보는가 아니면 '가능성'으로 보는가? 3년 동안 제자들과 무엇을 할 수 있는지 알고 계셨던 교사 중의 교사인 예수님은 열두 제자를 택하여 그들이 복음의 역할을 할 수 있도록 하셨다. 제자들을 향한 예수님의 분명한 목표가 그들과 함께하는 예수님의 활동을 결정한 것이다.

당신은 이번 주일에 주일학교에서 무엇을 이루기 원하는가? 교사는 예수님처럼 수업 시간마다 분명한 목표를 세워야 한다. 다음은 교사가 목표를 세울 때 참고해야 할 목록이다.

- 수업에 포함할 것(포함하지 않을 것)을 정하기
- 적절한 수업 방법을 선택하기
- 수업 시간을 가장 슬기롭게 사용하기
- 수업이 얼마나 잘 진행되었는지 평가하기

목표는 자신(교사)이 이루기 원하는 것을 분명하게 보여주는 문장으로 나타내는 것이 좋다. 좋은 목표는 구체적이며 측정 가능하고 달성 가능한 것이어야 한다. "학생들을 훌륭한 그리스도인으로 양육한다"라는 목표는 바람직한 목표이지만 '훌륭한 그리스도인'에 대한 구체적인 기준을 정해놓지 않는다면, 학생들이 훌륭한 그리스도인이 되었는지 여부나 그 성장 시기를 어떻게 알 수 있겠는가?

"모든 학생이 성경을 읽도록 한다"는 목표 역시 구체적인 것처럼 보인다. 그러나 언제부터 읽을 것인지, 얼마나 자주 읽을 것인지, 어느 정도의 분량을 읽은 것인지는 알 수 없다. "이번 주는 매일 3장씩 성경 말씀을 읽는다"처럼 목표를 구체적으로 정해놓았을 때 우리는 목표 달성 정도를 측정할 수 있다.

"일 년 동안 매일 10장씩 성경 읽기"와 같은 목표는 구체적이고 측정 가능한 목표이지만 달성하는 데 어려울지도 모른다. "일주일 동안 하루에 3장씩 읽기"라면 달성하기에 충분한 실제적인 목표가 될 수도 있다. 바라는 것을 시작하기만 하면 그것은 매일의 습관이 될 수 있다.

목표는 지적(학생들이 무엇을 알기 원하는가?), 정서적(학생들이 무엇을 느끼기 원하는가?) 또는 의지적이어야 한다(학생들이 무엇을 하기 원하는가?). 지적 목표는 정보를 축적하도록, 정서적 목표는 그 정보에 대한 일정한 태도를 갖도록, 의지적 목표는 개인적 선택에 따른 행동을 하도록 한다.

교사가 수업 계획을 세울 때 공식적인 목표를 달성하는 것들만 선택하는 데는 생략의 기술이 필요하다. 수업을 목표 지점을 향해 발사하는 로켓에 비유한다면, 이 생략의 기술은 로켓의 속도를 늦추게 하는 요소들을 빼내어 중량이 초과하지 않도록 하는 것과 같다. 또는 목표에 도달하지 못하게 할 수 있는 우회로를 폐쇄하는 작업이기도 하다. 성경 기자 역시 목표를 세우고 기록할 내용을 선택하기도 하고 빼기도 했다.

요한복음 20장의 마지막 두 절은 이런 점을 분명히 말하고 있다.

예수께서 제자들 앞에서 이 책에 기록되지 아니한 다른 표적도 많이 행하셨으
나 오직 이것을 기록함은 너희로 예수께서 하나님의 아들 그리스도이심을 믿
게 하려 함이요 또 너희로 믿고 그 이름을 힘입어 생명을 얻게 하려 함이니라

요 20:30,31

대부분의 교회에서 따르는 주일학교 교과과정의 장점 가운데 하나
는 교과과정이 전적으로 공식적인 목표의 연장선에서 구성되었다는
점이다. 대부분의 교사 지침서에는 수업 목표와 그 목표를 달성하기
위해 숙고하여 선정한 교육 자료들이 제시되어 있다.

성경 공부, 예배시간, 찬송가, 성경 본문, 학생용 공과, 과제물, 아이
디어 개발 등 수업 계획의 요소가 무엇이 되든지 그것은 중심이 되는
목표에 도움이 되도록 서로 관련되어야 한다.

나는 어떤 교사인가?

주일학교 학생들이 성인이 되어 나중에 주일학교에 대해 가장 잘 기
억하는 것은 무엇일까? 물론 성령님이 때에 따라 그들에게 주일학교
시간에 배운 공과 내용을 기억하게 하시어 그들을 도우시겠지만 대부
분의 학생들이 가장 잘 기억하는 것은 자신을 가르쳤던 '교사의 태도'

일 것이다. 당신의 학생들이 매주일 당신을 만나면서 형성하게 되는 당신의 인상은 무엇인가? 어쩌면 그들은 나중에 다음과 같이 생각할지도 모른다.

"나도 선생님처럼 주님을 잘 알 수 있으면 좋겠다."

"선생님은 나를 무척 좋아하셨어. 그 분은 내 친구가 되어주셨지."

"선생님은 언제나 나를 믿어주셨어."

"선생님은 예수님를 따르는 일과 그분에 대해 가르치는 일에 대단히 열정적이셨어."

가르치는 것은 공과 내용을 지적(知的)으로 준비하고 발표하는 것 이상의 일이다. 이는 주님을 바라보며, 성경을 살펴보고, 마음을 들여다보며, 학생들을 내다보는 지속적인 인격 계발을 요구한다.

✝ 가르치기 전에 앞에서 언급한 위 쳐다보기, 아래 살펴보기, 안 들여다보기, 밖 내다보기, 이 네 가지 방향으로 바라보면 당신도 주일학교 특급교사가 될 것이다.

인격과 사랑으로 가르치기

02
동기부여

교사는 말로는 조금 가르치고, 행동으로는 조금 더 많이 가르치며, 인격으로는 가장 많은 것을 가르칠 수 있다.

주일학교 학생들은 기독교의 많은 부분을 공식적인 수업을 통해서 보고 배우게 된다. 교사 중의 교사인 예수님은 제자들을 사랑하시고 그들과 강력한 관계를 맺음으로써 최고의 주일학교 교사가 될 수 있다는 사실을 스스로 보여주셨다.

예수님은 열두 제자를 세우시고 자신과 함께하면서 가르치시며 또한 내보내어 가르치게 하셨다.

(예수께서) 이에 열둘을 세우셨으니 이는 자기와 함께 있게 하시고 또 보내사 전도도 하며 막 3:14

예수님을 닮아가는 교사

제자들은 약 3년 동안 예수님과 함께 삶을 나누면서 많은 자질을 키웠다. 예수님은 신인(神人, 하나님이면서 또한 완전한 인간)으로 완벽한 기독교 정신을 구현하셨다.

교사는 무엇보다 학생들이 하나님을 사랑하게 되길 원한다. 그런데 그렇게 되기 위해서는 우리가 먼저 예수님의 대리자로서 본(本)이 되어야 한다. 선한 목자는 자신의 양을 알고 그 양들도 목자를 안다.

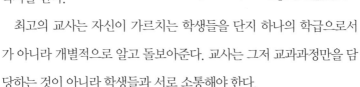

최고의 교사는 자신이 가르치는 학생들을 단지 하나의 학급으로서가 아니라 개별적으로 알고 돌보아준다. 교사는 그저 교과과정만을 담당하는 것이 아니라 학생들과 서로 소통해야 한다.

교사와 학생들 간의 강력한 관계는 수업의 질을 높여준다. 학생들은 자신들이 더 좋아하는 교사의 말을 더 열심히 듣고 따르게 된다. 학생들은 자기들에게 개인적 관심을 보여주었던 교사를 나중에 가장 잘 기억할 것이다.

3분 동안 자신의 학급에 대하여 간단히 표현할 수 있는 형용사가 몇 개나 되는지 생각해보자. 자, 어떠했는가? 금방 생각이 났는가 아니면 생각을 짜내야 했는가?

만일 우리 학생들에게 이와 동일한 질문을 한다면 그들은 어떤 단어들을 말할까? 그들이 하는 말에는 과연 '따뜻한', '친밀한', '보살피는', '도와주는', '사랑하는' 등과 같은 말들이 있을까? 우리는 이에 대해 생각해볼 필요가 있다.

교사가 학생과 친밀해지기 위해서는 어떤 노력이 필요할까? 학생들을 더 잘 알 수 있고 그들에게 동기부여를 잘할 수 있는 방법에 대해 알아보자.

학생의 가장 좋은 친구

교사들은 학생들의 친구가 되어야 한다. 학생들에게 말로써, 글로써 또한 행동으로써 공감을 표현해보도록 하자.

학생이 하는 행동이나 입은 옷에 주목하고 그에 대한 의견을 말한다. 올바른 행동이나 잘한 일에 대해서는 바로바로 칭찬한다. 잘못한 일이나 바로잡아줘야 할 행동에 대해 이야기할 때는 여러 사람 앞에서 하는 것보다 단둘이 시간을 만들어 권면하는 것이 좋다.

또한 교사는 학생의 생일이나 특별한 사건을 기억해야 한다. 생일축하 카드를 만들어 학급 전체가 축하 메시지를 적어주는 것은 교사와 학생의 관계뿐 아니라 학생들 사이의 관계를 친밀하게 하는 데 도움이 된다. 결석한 친구에게는 각별한 관심을 보이며 함께하지 못한 시간들에 대한 아쉬움을 표현한다.

심방을 통해 어떻게 한 주를 보내고 있는지 살피는 것도 잊어서는 안 된다. 학생들의 선행이나 수업 시간 중 잘한 일에 대해서는 작은 선물을 주는 것도 좋은 방법이며 안아주거나 등을 토닥거려주는 등 자연스런 접촉도 학생들에게 친밀감을 높여준다.

교사는 수업 시간을 조직화하여 단지 집단 경험이 되지 않도록 해야 한다. 보조교사를 통해 학생들을 개별적으로 가르칠 수 있도록 계획한다. 고등부나 청년부, 장년부 등 학생들에게 신앙의 멘터(mentor)가 될 수 있는 교인들의 지원을 받아 학생 개인과의 개별적인 상담을 추진하는 것 역시 좋은 수업 방법 중 하나이다.

학생들과 개인적인 대화를 할 때 그들의 취미나 관심사를 바탕으로 이야기를 나누면 더 친근한 느낌을 줄 수 있다. 진리의 말씀을 학생들 각자에게 어떻게 적용해야 하는지 특정 학생을 예로 들어 설명하는 것은 좋은 방법이나 그 학생의 신상이 들어나지 않도록 조심해야 한다.

또한 교사는 운동경기나 야외활동 등 학생들의 활동 우선순위에 따라 참여하도록 한다. 교사가 학생들과 함께 참여하면서 다른 동기 없이 학생들을 있는 그대로 받아들이는 모습을 보여줄 때, 학생들을 향한 관심과 애정을 자연스럽게 표현할 수 있다.

준비하고 나누는 대화

교사는 주일학교에 일찍 온 학생들과 수업 시간 전에 교제할 수 있도록 교회에 오기 전에 미리 수업 준비를 마쳐야 한다. 교사가 수업 직전까지 수업 준비로 허둥지둥하는 모습을 보인다면 그만큼 학생들에게 집중할 수 없다.

최고의 교사는 수업 시간 전후에 교사를 도와줄 수 있는 사람들을 찾아 그들의 도움을 적극 활용할 줄 안다(이때 교사를 도울 보조자로 적극적인 학생을 임명할 수도 있다).

질문을 통해 학생 자신에 대해 말하도록 격려하며, 학생이 대답할 때는 경청해줌으로써 그에 대한 관심을 나타낸다. 새신자나 아직 관계가 친밀하게 형성되지 않은 학생들에게는 일반적인 질문을 하는 것이 좋으며, 관계를 깊게 하기 위한 주요 질문들 몇 가지를 머릿속에 준비하고 있어야 한다.

학생들에게 개방형 질문(open-ended questions, 응답자가 그가 원하는 어떤 방식으로든 대답할 수 있도록 하는 질문 유형)을 하면 학생들이 자연적으로 자신의 평소 생각을 말할 수 있다. 예를 들어 "동생이 있어요?"라는 질문보다는 "가족에 대해 말해줄 수 있어요?"라고 질문하게 되면, 질문을 받은 그 학생은 자신의 가족에 대해 자유롭게 설명할 수 있으며, 교사와 다른 학생들은 그 학생에 대해 더 자세히 알 수 있다.

누군가 이야기를 할 때 그에 알맞은 호응을 해주는 것이 좋다. 고개를 끄덕거린다거나 미소를 짓는다거나 "아, 그렇군요"라고 호응해보라. 다른 사람이 말할 때 적절히 반응만 해주어도 그 주제에 대해 더 많은 것을 얻어낼 수 있다.

만일 교사가 급히 어딘가로 가고 있을 때 학생이 상담을 요청해오면 어떻게 하는 것이 좋겠는가? 그때는 양해를 구하고 다른 시간을 잡거나 짧은 시간만 가능하다고 말한 다음 대화를 나누되 그 시간만큼은 집중해서 학생의 이야기를 들어준다.

교사는 학생들에게 신뢰를 지켜야 한다. 학생의 신상정보가 교사를 통해 공개되는 것은 학생과의 관계를 깨뜨리고, 자신의 마음을 열고 나누어준 학생을 실망시키는 일이 된다.

학생들 상호간의 대화를 듣는 것도 학생들을 이해하는 데 도움이 된다. 학생들이 컴퓨터 게임이나 스마트폰에 얼마나 열광적인지 아는 것은 그들과 효과적으로 소통할 수 있는 교안과 사례들을 준비하는 데 도움이 된다.

서두르지 않고 학생들과 함께 기도하는 시간을 가지면 학생들이 필요로 하는 많은 것들과 그들의 관심사항을 발견할 수 있다. 기도제목이나 칭찬할 내용을 적어 넣는 상자를 만들어 활용하는 것도 학생들에 대해 몰랐던 부분들을 알아가는 데 도움이 된다. 상자에서 기도제목이나 칭찬할 내용을 꺼내 읽은 다음 함께 기도하거나 칭찬하도록 해보자.

교사와 학생이 함께

학생들에 대해 알아가는 최선의 방법 중 하나가 교실 안과 밖에서 무엇인가 의미 있는 일을 해보는 것이다. 그 일이 공과 내용과 관련이 있고 모든 학생이 참여한다면 최선의 결과를 얻게 될 것이다.

어떤 주일학교 교사는 다윗과 골리앗의 싸움에 대한 영상물을 만들었다. 학생들과 함께 대본을 짜고 소도구들과 의상을 만들었으며 실제 촬영을 하는 데 외부 사람들의 도움을 얻었다. 또 다른 주일학교 교사와 그의 학생들은 요셉 이야기를 주제로 영상 발표를 구상했다. 그들은 성경 말씀을 바탕으로 작품을 함께 구상하고 영상 작업을 하면서 큰 재미와 보람을 느꼈다.

어떤 이들은 "이런 작업은 너무 많은 시간을 요구한다"라고 말하기도 한다. 하지만 인생에 있어 성취할 만한 가치가 있는 것은 수많은 헌신을 요구하지 않는가?

학습활동이 반드시 대규모일 필요는 없다. '신문 만들기'와 같은 간단한 활동을 시도해보자. 성경 말씀을 뉴스나 만화, 구인광고 등과 같은 신문에서 볼 수 있는 여러 형태로 재구성한다. 자료를 수집하고 복사하는 등 부수적인 일들이 즐거운 집단 학습 경험을 갖게 할 것이다. 이 책 3-10장까지에는 여러 가지로 시도하여 검증된 성경 학습활동들이 있다. 이를 참고해보도록 하자.

학생들이 각자의 일에 주목하고 서로 긍정적인 비판을 하도록 하는 것도 교사의 역할이다. 주일학교에서 학생들이 한 일을 나열해보고 이를 다른 사람에게도 보여준다. 교사들은 학생들이 개발한 기술과 지식에 자극을 받기도 한다. 교사가 교사로서 흥분을 느낄 수 없다면 그것은 학생들에게 초점을 두지 않을 때일 것이다. 교사가 가르치고 배우는 일에 열정을 쏟으면 쏟을수록 교사 자신과 학생들의 기쁨은 더욱더 커진다.

훌륭한 질문이야!

어린이들은 창조주가 준 선천적인 호기심을 지니고 있다. 교사는 학생들이 하나님과 하나님 말씀에 대해 연구하는 것은 장려하고 악(惡)에 대해서는 억제해야 한다. 학생들에게 스스로 의견을 내라고 말한 다음 답을 기다려보자. "다른 사람들은 이 문제를 어떻게 생각할까?"라고 물어보며 학생들의 의견을 이끌어내는 것이 중요하다.

한 단어 이상으로 대답하기에 좋은 질문을 하고 학생들의 대답을 주의 깊게 듣는다. 교사가 교재에 정통하면 할수록 '다음에는 무슨 말을 해야 할까?'라는 생각 대신 다른 것들에 더 집중할 수 있다. 만일 아무도 대답하지 않으면 누군가 대답할 때까지 점점 더 간단한 질문을 해본다.

주일학교 교사는 수업 시간에 성령님이 자신뿐만 아니라 학생들도 인도해주시도록 기도로 구해야 한다. 포용적인 학습 분위기에서는 적합하지 않은 상황에서 학생들의 질문이나 의견이 나올 수도 있다. 그럴때는 간단한 답으로 충분할 수 있으며 예상치 못한 학생의 질문에 얼마나 길게 대답해야 할지 하나님께 구하면 그때그때 직관을 얻을 수 있다.

교사는 가능한 부드러운 말로 학생들에게 질문하거나 의견을 묻는다. 학생의 질문은 그 학생이 무엇을 생각하는지에 대해 많은 것을 말해준다. 사람은 누구든지 자신이 한 질문 때문에 창피당하고 싶지 않다. 학생들이 다른 학생의 질문이나 의견에 대해 웃더라도 교사는 질문한 사람의 용기를 북돋아주는 일에 유의해야만 한다. 교사는 학생들의 대답이나 의견에 되도록 칭찬하는 것이 좋다. 잘못된 대답에 대해서는 (의견을 묻는 질문이 아니라면) "그것도 좋은 생각이지만 나는 다른 것을 생각하고 있어요"라든지 "아, 그렇게도 생각할 수 있겠군요"라고 대답하는 것이 바람직하다.

훌륭한 교사는 학생들에게 바른 대답을 해주면서 잘 들어주는 사람이다. 교사들 중에는 수업 시간에 학생들이 한 질문과 그 대답을 기록하는 서기를 두기도 한다.

학생의 이름 부르기

당신은 주일학교 교사로서 학생에 대해 얼마나 알고 있는가? 교사는 학생의 가족 사항이나 성장 배경, 예수님을 믿게 된 시기나 계기, 현재의 영적 상태에 대해 파악하고 있어야 한다. 이런 목적으로 학생 개인별 신상기록부를 만들면 학생을 지도하는 데 매우 유익하다. 신상기록부에는 학생 개개인의 사진을 붙이고 대화나 가정 방문을 통해 알게 된 학생의 신상을 기록한다. 또한 그 학생에 대한 목표와 기도제목도 함께 기록한다.

학생 신상기록부

이름   김현민

성별   남

생년월일   20XX년 3월 27일

주소   서울시 서초구 양재2동 205번지

전화번호   02-578-0003

가족관계   **부** 김지섭 안수집사   **모** 이현주 집사
                누나 김영일 중등부 학생   **남동생** 김성민 초등부 학생

전화번호   부흥중학교

세례여부   유아세례 받음

주일학교 출석 시기 및 과정
- 모태 신앙으로 영아부부터 현재 중등부까지 계속 주일학교에 다니고 있음.
- 모든 가족이 본 교회에 출석하고 있으며 학부모님이 주일학교에 대한 참여도가 높음.

영적 성장 정도
- 중학교 1학년 겨울 수련회 때 예수님을 인격적으로 만나 신앙이 점점 뜨거워지고 있음.
- 또래 학년에 비해 기도 시간이 길고 깊이가 느껴지나 말씀에 대한 이해도는 조금 부족함.

교회 활동 경험
- 2년간 찬양대에서 섬기고 있음.
- 음악적 재능이 남다르나 단체 활동을 하는 데 협동심이 다소 부족함.
- 초등부 부회장을 지냄, 리더십과 인솔력이 있음

특기 및 관심사항
- 공과공부 시간 만들기에 흥미를 보이며, 축구를 좋아함.

존 밀턴 그레고리(John Milton Gregory)의 《7가지 교육법칙》(생명의말씀사)에는 기독교교육의 기초가 되는 7가지 교육법칙이 나오는데, 그 첫째 법칙은 "교사는 그가 가르치고자 하는 내용과 그가 가르치고자 하는 사람들을 반드시 알아야 한다"는 것이다. 가르치려는 내용뿐만 아니라 학생들의 신상까지 잘 알게 되면 당신도 최고의 주일학교 교사가 될 것이다.

학생들은 자기 이름을 불러줄 때 얼굴에 기쁨이 확연히 드러난다. 인상, 반복, 과장, 이 세 가지가 학생들의 이름을 기억하는 데 관건이 된다. 특히 새로운 이름을 외울 때는 강력한 인상이 필요하다.

이름을 외우는 데는 반복하여 이름을 불러보는 것이 가장 효과적이다. 학생에게 자신의 이름을 천천히 말해보도록 하고 이를 되풀이하여 확인해보자. 이때 학생의 이름을 정확하게 아는 것이 중요하다. 교사와 학생이 함께 토론할 때 학생의 이름을 반복해 불러보거나 학생들을 위해 중보기도할 때 학생 한 명 한 명의 이름을 불러가며 기도한다면 더 쉽고 빨리 이름을 외울 수 있을 것이다.

학생의 이름이 무슨 뜻인지 알아보는 것도 유익하다. '하영'은 "하나님의 영광", '주찬'은 "주님을 찬양"처럼 뜻과 함께 이름을 외우는 것도 큰 도움이 된다. 이름이 지니는 영적(靈的) 목표를 형상화하는 것은 그 사람을 향한 기대에도 부응하는 일이다. 나의 아내 카렌(Karen)의 경우 이름 속에 담긴 '순결함'이란 뜻을 이루고자 그녀는 하나님 앞에 더욱 정결한 삶을 살고자 했다. 또한 이름을 과장되게 형상화할 수도 있다.

학생 수가 많은 대규모 학급의 경우, 전체 사진을 찍고 학생들의 이름을 적어놓은 다음 수시로 확인하는 방법도 있다. 이것을 복사해서 학급 전체가 나누어 가져도 좋을 것이다. 이름표를 사용한다면 멀리서도 볼 수 있도록 이름을 크고 굵게 적는다. 교사가 학생의 이름 대신 학생이 입고 있는 옷 색깔이나 외모적 특징 같은 것으로 부르는 것은 학급 질서를 유지하는 데 바람직하지 못하다.

당신의 이름은 무슨 뜻이 있는가? 아니면 어떻게 형상화할 수 있는가? 당신의 학생들의 경우는 어떠한가? 둘씩 짝을 지어 상대의 이름을 과장해서 표현해보게 한다. 이때에도 신체적 특징을 가지고 하면 역효과를 낼 수 있으니 유의한다.

교사와 학부모가 함께

지혜로운 주일학교 교사는 학부모의 협조를 구한다. 교사의 사명은 단지 학생들을 교육하는 것뿐만 아니다. 부모가 자신의 자녀들을 하나님께로 또 선한 데로 인도하도록 돕는 것이다.

주일학교 교사로서 학부모에게 자녀들을 주일학교에 늦지 않게 보내주고, 성경 암송을 도와주어 감사하다는 편지를 주기적으로 보내보자. 매월 혹은 분기별로 학부모들에게 앞으로 배울 내용, 수업 목표, 암송 구절, 말씀을 일상생활에 적용하는 방법, 창조적인 평가에 따른 제안 등의 내용을 포함하는 편지를 보내면 학부모들은 무척 고맙게 여길 것이다. 편지에 학생 개인별 성과를 추가 기록해서 보내주는 것도 좋은 방법이다. 단, 긍정적인 시각을 보여주며, 개선하기 위한 어떤 제안도 서면으로는 하지 않는 것이 좋다. 또 학급이나 부서 혹은 교회 전체 행사를 세 달 전(적어도 한 달 전)에 학부모들에게 월별로 통지하여 주일학교의 일정 계획에 참고하도록 한다.

가정 방문은 학생 및 부모를 이해하는 데 절대적으로 필요하다. 일 년에 적어도 두 번씩은 방문하는 것을 목표로 한다. 처음 만날 때는 30분 정도의 만남을 약속하고 자녀들에 대한 주일학교의 목표에 대하여 이야기를 나누는 것이 바람직하다. 이때 귀한 자녀를 맡게 되어 얼마나 기쁜지 알리도록 한다. 또 교사의 역할이 단지 부모들을 돕는 것이라는 인상을 심어주도록 한다.

교사들은 학생들을 교육하는 데 두 가지 목표를 지니고 있음을 알려줘야 하는데, 첫 번째 목표는 학생들이 그리스도를 구주로 고백하게 하는 것이고, 두 번째 목표는 자녀들이 신실한 그리스도인의 삶을 사는 데 도움이 되는 기초를 마련해주는 것이다. 교사는 부모의 영적 관심의 정도에 민감해야 한다. 첫 번째 목표를 부모가 직접 하기 원하는

지, 아니면 자녀들이 준비되었다고 판단될 때 교사가 하기를 원하는지 물어본다. 또한 부모들이 이것을 하는 방법을 배우길 원하는지도 물어본다.

주일학교 교사는 학부모에게 자녀가 지각이나 결석을 하지 않고 주일학교에 출석하는 것이 얼마나 중요한 일인지 강조한다. 학생의 가족이 멀리 여행을 할 경우에는 학부모에게 그곳에 있는 주일학교에 자녀들을 보내도록 권면하며 이를 확인하고 출석으로 인정해준다. 부모가 자녀의 과제물을 효과적으로 도와줄 수 있는 방법을 설명해주고, 자녀들이 주일학교에서 배운 것을 말하거나 만든 것을 보여줄 때는 관심을 가지고 칭찬으로 격려해주는 일이 매우 중요함을 인식시킨다.

또한 매일 성경 말씀을 읽으며 가정 안에서 가족에게 알맞은 헌신을 하도록 격려하고, 이에 도움이 되는 자료들을 제공하거나 안내해준다.

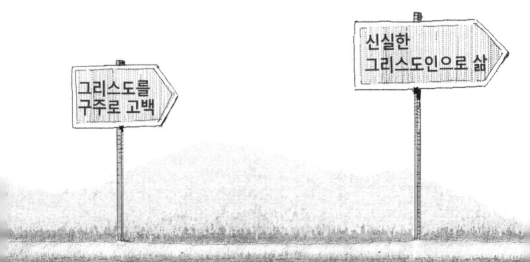

학부모가 적어도 일 년에 한 번은 주일학교를 방문하도록 하며, 학부모들이 수업 시간에 참여하여 학생들의 훈육 문제나 성경 암송을 도와주는 프로그램을 진행하도록 한다.

학부모들과 전화 통화로 인사하는 것도 좋다. 열 명이 한 반인 경우 일주일에 한 번씩 한 학부모에게 전화를 하면 각 가정마다 일 년에 다섯 번씩 전화를 할 수 있다. 교사는 학부모와 학생들의 진보에 대해 적극적으로 이야기를 나눠야 한다. 특별한 사건은 무엇이든지 언급하되 학생이 가정에서 그리스도인으로 성장한 증거를 보이고 있는지 물어본다. 또한 자녀들의 기독교교육에 함께하게 되어 감사함을 부모들에게 표현한다.

사랑의 교사

내가 지금까지 성경 교사의 사역을 하게 된 데는 중학교 3학년 때 나의 실수에도 불구하고 크게 격려해주신 한 분의 영향력이 무척 컸다. 나는 교회 청소년부 프로그램에서 연설을 했는데 그때 심한 실수를 했다. 연설을 마치고 연설 메모 카드를 연단 바닥에 떨어뜨린 것이다. 모든 사람이 웃었고 나는 마치 죽을 것처럼 괴로웠다.

그런데 그날 늦은 저녁 시각, 한 연로하신 목사님이 내 어깨를 두 팔로 감싸 안아주시며 내게 사역에 대해 생각해본 적이 있는지 물었다. 나는 큰 충격을 받았다. 연설 중 카드를 떨어뜨려 수백 명의 청중들을 웃게 만든 나에게 너무나 뜻밖의 질문이었기 때문이다. 다른 사람들은 당황해서 의기소침해진 나에게 아무 말도 건네지 않았지만, 그 목사님은 나를 격려해주고 칭찬해주면서 어떻게 하면 메모 카드를 성경책 속에 잘 넣을 수 있는지 알려주셨다.

'사랑'은 관계를 매우 잘 결속시켜준다. 우리와 관계를 맺으며 우리에게 동기부여를 하는 하나님의 주된 방법은 결국 사랑이 아닌가? 우리가 하나님이 우리를 얼마나 사랑하시는지 깨닫게 되었을 때 우리의 반응은 무엇이었는가? 학생들은 자신들을 진정으로 사랑하는 교사를 위해서라면 무엇이든지 하려고 할 것이다.

성경 특급교사가 가르치는

주일학교 어드벤처

PART

2

주일학교를 놀라움 가득한

호기심 천국으로 만드는 법

03

기대

어떤 교사가 수업 시간에 미리 와서 호기심 가득한 눈빛으로 열심히 배우려고 하는 학생들을 좋아하지 않겠는가? 만일 자신이 담당하고 있는 주일학교의 학습 분위기가 그렇지 않다면 그것이 누구의 잘못일지 우리는 생각해보아야 한다.

어떠한 문제를 향해 손가락을 가리켰을 때 남은 세 손가락의 방향을 자세히 살펴보라. 세 손가락은 일반적으로 문제의 원인을 향하고 있을 것이다. 그런데 감사하게도 엄지손가락은 문제의 해결자 되시는 하나님을 향해 있다. 이를 통해 알 수 있듯이 주일학교 학생들이 공과공부나 성경 공부 시간에 배우고자 하는 의욕과 열정이 부족해 보인다면, 성경 교사는 스스로를 뒤돌아보며 하나님께 방법을 구해야 한다.

예수님은 배우고자 하는 호기심을 일으키는 데 최고의 교사이셨다. 예수님이 열두 살 때 성전에 있는 선생들을 얼마나 난처하게 만드셨는지 생각해보라.

> 그(예수)가 선생들 중에 앉으사 그들에게 듣기도 하시며 묻기도 하시니 듣는 자가 다 지혜와 대답을 놀랍게 여기더라 눅 2:46,47

또한 "네가 거듭나야 하겠다"(요 3:7)라는 난해한 말로 니고데모의 호기심을 얼마나 자극했는지 생각해보라. 예수님은 "내가 주는 물을 마시는 자는 영원히 목마르지 아니하리니"(요 4:14)라고 말씀하시며 우물가에서 만난 여인의 호기심을 불러일으키기도 했다.

교사들은 학생들이 주일학교에 출석한다는 것만으로 동기유발이 된다고 생각해서는 안 된다. 학생들의 기대 수준을 제고하는 것이 교사들이 할 일이다. 교사는 학생들에게 학습 경험을 제공함으로써 기대와 호기심을 불러일으키고 다음 시간에도 계속해서 출석하고 싶도록 만들어야 한다.

지금부터 이를 위한 몇 가지 방법들을 소개한다. 물론 이외의 다른 방법들도 많이 있을 것이다.

일부분 숨기거나 결말 남겨두기

학생들의 호기심을 자극하는 수업으로 먼저, 성경과 관련된 내용의 큰 그림을 퍼즐 모양으로 분할하여 학생들에게 한 조각씩 보여주고, 어떤 성경 사건과 관련이 있는지 맞히게 하는 방법이 있다.

다음 페이지에 나와 있는 여러 동물들과 관련된 성경 사건은 무엇이라고 생각하는가? 동물들의 모습을 보고 '노아의 방주 사건'이라고 생각했다면 훌륭한 추측이지만 정답은 아니다(정답은 69쪽을 보라). 이처럼 학생들에게 퍼즐 조각을 한 개씩 보여주고, 그 과정에서 학생들이 무슨 그림인지 맞혔다면 이제 전체 그림을 보여주도록 하자.

수업 시간에 이런 퍼즐 그림을 활용하면 우리가 성경을 볼 때 왜 전체 그림을 보아야 하는지 그 필요성을 알려줄 수 있다.

학생들의 호기심을 자극하는 또 다른 방법으로 이야기의 결정적인 부분에서 "이어지는 내용은 다음 시간에 나눌게요"라고 말하는 것이다. 이때 언제나 성경 이야기를 해야 하는 것은 아니다. 때때로 개인적인 경험을 인용한다. 단, 그 예화가 이번 시간이나 다음 시간의 주제와 관련 있는 것이 바람직하다. 그렇게 할 때 수업 내용을 잘 기억하게 되기 때문이다. 물론 이 방법은 학생들이 결말을 모를 때 활용하는 것이 가장 효과적이다.

결말 남겨두기의 한 예로, 나는 대학시절에 한 여학생과의 매우 심
각했던 사건 하나를 소개한다.

"첫 크리스마스 방학이 시작할 무렵, 나는 640킬로미터나 떨어져 있는
한 여학생으로부터 '테리에게'로 시작하는 편지를 받았어요. 간호학과
학생들의 소개팅에 나를 초대하는 이 편지를 받았을 때 나는 가야 할지
말아야 할지 고민했지요. 학생 명부에서 그녀의 사진을 보고 나서는 더

욱더 확신을 갖지 못했어요. 그녀는 짧은 헤어스타일에 너무 야위어서 만일 스타킹에 구멍이라도 났다면 그리로 빠져버릴 것 같았거든요. 더군다나 이 데이트에는 세탁비, 교통비, 저녁 식사, 선물 등 많은 비용이 예상되었죠.

나는 친구들의 의견을 들어보고 난 뒤 데이트를 해보기로 결심했지요. 그런데 첫 데이트를 한 5월 5일, 그녀의 집 대문이 열리고 그녀를 처음 본 순간 나는 얼마나 놀랐는지 몰라요. 한마디도 할 수 없었고 또 어떻게 해야 할지도 몰랐어요. 너무 충격적이었죠. 자, 나머지 이야기는 다음 시간에 계속하겠습니다."

다음 수업 시간이 돌아오면 지난 시간에 못 끝낸 이야기로 시작하며 학생들의 주의를 사로잡는다. 이야기가 한 주 이상 지속될 경우 지난 이야기를 돌아보는 질문을 하는 것이 학생들을 집중시키는 데 효과적이다.

수업 분위기가 다소 무겁거나 어려운 내용을 가르쳐야 할 때는 적절한 수수께끼가 윤활유 역할을 한다. 상황과 진도에 맞게 다음의 수수께끼들을 응용하여 수업 시간에 활용해보자.

먼저 첫 번째 유형의 수수께끼이다.

한 학생이 방학 동안 여행을 떠나기 위해 짐을 싸고 있다. 그 학생은 여행지에 다음과 같은 것들을 가져 가고 싶었다.

책, 세정제, 방망이, 꿀, 등불, 약, 칼, 은, 떡, 방패, 생수

문제는 이것들 중에서 단, 한 가지만 가지고 갈 수 있다는 사실이다. 그런데 이 학생은 한 가지를 가지고 가면서 이 모든 것을 가지고 갈 수 있는 방법을 생각해냈다. 그 한 가지가 무엇일까?

정답은 하나님의 말씀 곧 성경책이다.
어떻게 성경책 한 권에 이 모든 것들이 다 포함되는지 함께 성경 말씀을 찾아가며 생각해보자.

책 **성경책**

세정제 너희는 내가 일러준 말로 이미 **깨끗하여졌으니** 요 15:3

방망이 여호와의 말씀이니라 내 말이 불 같지 아니하냐 바위를 쳐서 부스러뜨리는 **방망이** 같지 아니하냐 렘 23:29

꿀 주의 말씀의 맛이 내게 어찌 그리 단지요 내 입에 **꿀**보다 더 다니이다
시 119:103

등불 주의 말씀은 내 발에 **등**이요 내 길에 빛이니이다 시 119:105

약 스스로 지혜롭게 여기지 말지어다 여호와를 경외하며 악을 떠날지어다 이것이 네 몸에 **양약**이 되어 네 골수를 윤택하게 하리라 잠 3:7,8

칼 하나님의 말씀은 살아 있고 활력이 있어 좌우에 날선 어떤 **검**보다도 예리하여 혼과 영과 및 관절과 골수를 찔러 쪼개기까지 하며 또 마음의 생각과 뜻을 판단하나니 히 4:12

은 여호와의 말씀은 순결함이여 흙 도가니에 일곱 번 단련한 **은** 같도다 시 12:6

떡 예수께서 이르시되 나는 생명의 **떡**이니 내게 오는 자는 결코 주리지 아니할 터이요 요 6:35

방패 하나님의 말씀은 다 순전하며 하나님은 그를 의지하는 자의 **방패**시니라
잠 30:5

생수 나를 믿는 자는 성경에 이름과 같이 그 배에서 **생수**의 강이 흘러나오리라
요 7:38

다음은 또 다른 형태의 수수께끼이다.

이 글을 읽고 이 글의 화자인 '나'는 누구인지 알아맞혀보자.

하나님은 흙으로 아담을 만드셨다.

그렇지만 나를 먼저 만드는 것이 최선이라 생각하셨고

그래서 사람보다 나를 먼저 만드셨다.

하나님은 가장 거룩한 계획에 따라

나의 온 몸을 완벽하게 만드셨다.

팔이나 손이나 발은 없었지만

나의 길과 행동은 하나님이 지배하신다.

그런데 하나님은 내 몸 속에 영혼을 넣지는 않으셨다.

나는 생명의 존재가 되었다.

아담은 내게 이름을 지어주었다.

나는 그 아담 앞에서 물러갔다.

이 사람 아담이 누구인지 결코 몰랐기 때문이었다.

나는 나를 만드신 이의 모든 법에 순종한다.

나는 이 법에서 결코 벗어나지 않는다.

땅에서는 나를 거의 볼 수 없다.

훗날, 하나님께서 하나님의 목적에 따라

내 안에 한 영혼을 넣어주셨다.

그러나 하나님은 이 영혼을 **빼앗아**

결국 내게서 다시 가져가셨다.

이 영혼이 내게서 나갔을 때

나는 다시 처음 만들어진 대로 되었다.

팔도, 다리도, 발도, 영혼도 없이

나는 극에서 극으로 다니고 있다.

나는 밤낮으로 수고했는데

한 번은 사람들에게 빛을 알려주었다.

수많은 사람들이

죽음을 통해 밝은 빛을 보았다.

나는 옳은 것도 그른 것도 생각할 수 없다.

성경도 그 가르침도 나는 믿을 수 없다.

죽음의 공포도 내게는 문제 되지 않는다.

순전한 행복을 나는 결코 보지 못할 것이다.

그리고 나는 하늘나라에도 결코 갈 수 없다.

무덤 속이나 지옥에도 갈 수 없다.

그러면 성경을 꺼내 조심스럽게 읽어보라.

거기에서 나를 찾을 것이다.

자, 무엇이라고 생각했는가?

정답은 요나를 삼킨 큰 물고기이다.

다음 수수께끼는 각 성경 구절에 공통으로 등장하는 인물을 맞히는 것이다.

당신은 다음에 설명하고 있는 인물이 누구라고 생각하는가?

- 영원히 사는 영적 존재(히 1:13,14; 눅 20:36)
- 다니엘의 기도에 응답된 조력자(단 8:16)
- 신약성경에서 하나님의 첫 번째 대변자(눅 1:19)
- 기적의 탄생을 두 번 예언한 자(눅 1:13,19,26-33)
- 성전에서 어떤 사람을 벙어리가 되게 한 자(눅 1:18-20)
- '하나님의 영웅'이란 뜻의 이름을 가진 자
- 마리아에게 처녀로 예수를 낳을 것이라 말해준 자(눅 1:26-35)
- 하나님의 소식을 전하는 천사 중 하나(눅 1:19,26)
- 'ㄱ'으로 시작하는 이름을 가진 자

정답은 가브리엘이다.

단, 이런 문제를 낼 때는 실마리가 점점 쉬워져야 한다는 점에 유의해야 한다.

적절한 질문은 앞으로 다룰 성경에 대하여 호기심을 유발하게 한다. 잠언을 통해 주일학교 수업을 진행한다고 가정하면 다음과 같은 질문들을 하면서 학생들을 가르칠 수 있다.

- 아무에게나 마음을 여는 게 좋지 않은 이유는 무엇인가?
- 반드시 피해야 할 구제 불능의 사람은 어떤 사람인가?
- 음탕한 여자를 식별할 수 있는 방법은 무엇인가?
- 나태한 사람을 식별할 수 있는 방법은 무엇인가?
- 가족 간의 다툼을 없앨 수 있는 방법은 무엇인가?
- 납치(유괴)를 피하려면 어떻게 해야 하는가?
- 일확천금을 꿈꾸는 것이 바보짓 중에서도 으뜸가는 바보짓인 까닭은 무엇인가?
- 빚보증을 서면 안 되는 까닭은 무엇인가?
- 친밀한 우정 관계에 가장 해로운 것은 무엇인가?
- 논쟁에서 이길 수 있는 가장 확실한 방법은 무엇인가?
- 바보들이 종종 지혜로운 척하면서도 남들에게 들키지 않는 까닭은 어떤 식으로 자신을 포장하기 때문인가?

- 어떻게 해야 다른 사람들의 호감을 얻을 수 있겠는가?

- 어떻게 해야 우리보다 신체적으로 더 강한 사람을 이길 수 있겠는가?

- 원수가 망할 때 즐거워하면 안 되는 이유는 무엇인가?

- 어리석은 자가 되는 것보다 더 나쁜 것은 무엇인가?

- 인생의 실패자가 되는 가장 위험한 길은 무엇인가?

이 모든 질문에 대한 대답은 잠언을 천천히 읽으면서 그 의미를 생각할 때 찾을 수 있다.

종종 질문을 읽어주는 것만으로도 최선일 때가 있으며 그 질문을 유인물로 만들어 나누어주는 것도 유익하다. 고학년의 경우 이 방법의 개념을 일단 파악하기만 하면 이와 같은 질문을 하면서 성경을 읽을 수 있을 것이다.

일반적인 성경 내용을 바탕으로 학생들이 한 번 더 생각을 해보도록 문제를 만들 수 있다. 다음 질문에 스스로 답해보고 수업 시간에 활용해보도록 하자.

Q 하나님께서 시내산에서 주신 계명은 몇 개인가?

A 2개, 10개, 20개, 613개이다. 하나님께서는 십계명을 돌판에 새겨주셨다. 따라서 10개가 답이 될 수 있다. 그런데 모세는 처음 돌판을 깨뜨렸고 두 번째 돌판에 십계명을 다시 받았다. 그래서 계명은 총 20개가 된다. 또한 하나님께서는 출애굽기 20장에서 십계명을 주신 이후에도 쉬지 않고 계속 명령하셨다. 출애굽기, 레위기, 민수기, 신명기를 잘 읽어보면 하나님께서 시내산에서 주신 명령이 613가지에 이른다는 것을 발견할 수 있다. 마지막으로 예수님은 모든 계명을 2개의 새 계명으로 요약하셨다.

Q 왜 하나님께서는 유다의 바벨론 포로시기의 기간을 70년으로 하셨을까?

A 하나님의 백성들이 약속의 땅에서 산 820년 동안 도적질한 안식년의 기간이다(대하 36:20,21).

Q 왜 유대인들이 광야에서 방황한 기간을 40년으로 했을까?

A 가나안 땅을 믿음 없이 정탐한 40일 기간의 하루를 일 년으로 했다
(민 14:34).

정해진 성경 본문을 읽고 그 안에서 생각을 묻는 질문을 던져볼 수
도 있다. 학생들에게 창세기 1-5장을 읽도록 한 후 다음과 같은 질문을
던져보자.

Q 영구적 표식을 최초로 한 사람은?

A 가인(창 4:15)

Q 세상에서 최초의 일부다처주의자는?

A 라멕(창 4:19)

Q 세상에서 가장 나이가 많은 사람은?

A 므두셀라(창 5:27)

Q 나이가 365세일 때 하나님과 동행하다 사라진 사람은?

A 에녹(창 5:23,24)

Q 결혼한 지 500년 후에야 처음으로 자녀를 갖게 된 부부는?

A 노아와 그의 아내(창 5:32)

또한 창세기 1-5장의 내용에서 다음과 같은 익살스러운 질문을 만들어볼 수도 있다.

Q 닭이 먼저일까 아니면 달걀이 먼저일까?

A 창세기 1장 20,21절을 바탕으로 생각해보았을 때 달걀보다 닭이 먼저이다.

Q 하나님께서 아담을 만드신 때는 하루 중 언제였을까?

A 하나님이 아담을 만드신 때는 저녁이 되기 바로 전이다(저녁은 영어로 eve라고도 하며 Eve는 하와를 뜻하는데, 아담의 창조는 하와의 창조 바로 전이었기 때문이다 - 역자 주).

Q 에덴 동산에서 컴퓨터가 사용되었다는 것을 우리가 어떻게 알 수 있을까?

A 하와가 아담에게 "You need an Apple, too"('Apple Ⅱ'는 컴퓨터 제품 이름이며, 우리는 흔히 하와가 아담에게 건넨 선악과를 사과라고 생각한다 - 편집자 주)라고 말했기 때문에 에덴 동산에는 컴퓨터가 있었다.

문제뿐만 아니라 학생들에게 상품을 줄 때도 한 번 더 생각해볼 수 있는 물건을 줄 수 있도록 고려한다. 교실에서 눈에 잘 띄는 곳에 커다란 봉지 세 개를 세워놓는다. 봉지 입구를 접고 그 속이 가득 차 있는 것처럼 보이게 해둔다. 수업 시간마다 재미있는 퀴즈를 내거나 진지한 질문을 하고 답을 맞히는 학생에게 봉지에 들어 있는 물건을 꺼내 상으로 준다.

봉지 안에는 일반적인 상품보다는 한 번 더 생각해볼 수 있는 상품을 준비한다. 예를 들어 "이 세상에서 오직 하나님만 보신 것을 상품으로 주겠어요"라고 말해 호기심을 자극한 다음에 껍질을 까지 않은 땅콩을 주면, 그것을 받은 학생은 어리둥절할 것이다. 그러나 다시 한번 잘 생각해보면 껍질 속에 있는 땅콩은 하나님 외에 그 누구도 볼 수 없었던 것이다.

이를 통해 한바탕 웃을 수 있다. 그 다음 문제에 답을 맞힌 학생에게는 좀 더 진지한 것으로 상을 주도록 한다.

학습 방법에 대한 시범을 교사가 먼저 보여주면 학생들에게 동기 부여를 할 수 있다. 예를 들어 주일학교 학생들에게 성경의 장별로 제목을 붙이게 하려면 교사가 먼저 제목을 붙여보는 것이다. 그 다음에는 학생들이 교사를 테스트하게 한다. 성경 범위를 정해주고 몇 장인지를 말하면 교사가 그 장의 주요 생각이나 사건으로 제목을 붙인다. 또는 학생이 성경 인물을 말하면 교사는 그 인물이 몇 장에 나오는지 대답한다.

교사가 먼저 문제를 맞히는 방식으로 수업을 진행해나갈 때 학생들에게 동기부여를 할 수 있다. 교사가 몇 문제 틀려도 상관없다. 교사가 틀리는 것은 장별 제목 붙이기가 쉽지 않은 일임을 입증하는 것이기 때문이다.

교사는 "내가 지금 해낸 것을 우리 학생들도 모두 할 수 있어요! 다음 시간을 마치고 나면 우리는 '걸어다니는 로마서'가 될 거예요" 또는 "12주 동안 주일학교에 출석하면 영적으로 더 빨리 성장할 수 있는 방법 열두 가지를 알게 될 거예요"라고 말하며 학생들에게 긍정적인 마인드를 심어주어야 한다.

나는 청년부 모임에서 때때로 다음과 같은 말을 했다.

오늘의 수업

: 장별 제목 붙이기

"나에게는 여자친구나 아내를 행복하게 해주어 그들로 하여금 당신이 원하는 것이라면 무엇이든지 다 들어주도록 할 수 있는 여섯 가지 비결이 있습니다."

그러면 청년들은 이것을 바로 알려달라고 간청한다. 하지만 나는 이렇게 말한다.

"이번 주일에는 시간이 없습니다. 이것을 설명하려면 3시간 정도가 걸리는데, 다음 주 목요일 새벽 5시에 정리하여 딱 한 번만 말해줄 것입니다."

그러면 이른 아침 시간에도 결코 적지 않은 사람들이 모인다. 내 경험으로 적어도 150명은 모였다. 이처럼 호기심 거리란 아무리 많이 만들어도 부족하다.

당신이 어떠한 분야에 흥미를 느끼도록 동기를 부여한 교사가 있는가? 그 교사가 했던 것들 중에서 우리가 본받을 만한 것을 적어본다.

내가 고등학교 1학년 때 가장 좋아했던 과목은 평면기하학이었는데, 그것은 내가 그 과목을 잘했다거나 흥미가 많았기 때문이 아니다. 바로 평면기하학 선생님 때문이었다.

그 선생님은 아무도 평면기하학을 좋아하지 않을 것이라는 생각으로 첫 수업을 시작하셨다. 그 분의 사명은 평면기하학을 싫어하는 사람을 평면기하학에 열광하는 사람으로 바꾸는 것이었다. 그 분은 자신이 맡은 과목에 굉장한 열심을 보였다. 또한 학생들이 숙제를 잘못해 왔을 때도 그 선생님은 우리가 마치 고쳐 나가는 데 천재인 것처럼 느끼게 해주셨다.

선생님이 잘 쓰는 비결 중 하나는 바로 도전이었다. 때로는 과제물을 초급과 고급으로 분류하여 내주셨는데, 나는 대학 수준의 문제를 두 친구와 함께 밤새 풀어서 높은 점수를 받은 적이 있다.

또 우리가 선생님이 내주신 문제를 적고 칠판에 답을 써내려 갈 때면 선생님은 우리가 푸는 그 과정을 칭찬하셨다. 비록 그 답이 틀린 것이어도 말이다. 그러면 우리는 더욱 열심히 공부해서 다음에는 정답을 맞히겠다는 결심을 하곤 했다.

✝ 이처럼 교사가 해야만 하는 중요한 일 가운데 하나는 학생들에게 하나님과 영적인 일에 대한 창조적인 동기를 부여하는 것이다. 자신을 사용해서 학생들 마음속에 열망을 불일듯 일으키게 해달라고 하나님께 간구하면 당신도 특급교사가 될 것이다.

한 그루 나무가 아닌
성경의 전체 숲을 보여주는 법

04

개관

대부분의 주일학교 학생들에게 성경은 하나의 커다란 퍼즐 그림과 같다. 그들은 그림 전체를 보지 못하고 오직 수많은 성경 이야기 조각들만 본다.

퍼즐의 전체 그림을 모르는 상태에서 조각을 맞춘다고 생각해보라. 그것은 실로 당황스러운 일이며 엄청난 도전일 것이다. 3장(51페이지)에서 보여주었던 퍼즐의 전체 그림은 무엇이라고 생각했는가? 그것은 바로 옆 페이지에 있는 것처럼 아담이 에덴 동산에서 동물들의 이름을 지어주고 있는 광경을 그린 그림이다. 이제 전체 그림을 본 다음 다시 퍼즐 조각들을 살펴보자. 어떠한가? 퍼즐 조각 하나하나가 확실히 이해되지 않는가?

사람들은 설교나 성경 공부 및 성경 이야기 책 등에서 성경 내용의 조각들을 부분적으로 들어서 알고 있다. 그러나 이 이야기들이 어떻게

성경 전체를 이루고 있는지는 알지 못한다.

일단 그림 전체를 보고 나면 조각난 이야기들이 더 많은 의미가 있다는 것을 알게 된다. 이번 장에서는 성경의 전체 그림을 보는 방법을 제시하며, 이 과정에서 학생들이 수업에 능동적으로 참여하도록 하는 방법들을 보여줄 것이다.

학생들에게 '성경의 구성'에 대해 설명할 때는 주요 단어들을 화이트보드에 쓰거나 프로젝터를 활용하여 크게 보여준다. '성경의 구성'에 대한 자세한 내용은 《성경 파노라마》(규장 역간)를 참조할 수 있다.

성경의 구성을 쉽게 기억하는 방법이 있다. 성경은 신약(新約, new testamen)과 구약(舊約, old testament)으로 되어 있다. 신약과 구약에서 '약'(約, testament)은 약속을 말하는데, 이는 뜻이나 의지를 의미한다. 성경은 과거로부터 오늘날에 이르기까지 우리에 대한 하나님의 의지를 말해주고 있다.

그렇다면 신구약은 각각 몇 권으로 이루어졌을까? 이를 기억하기 쉬운 방법이 있다. '구약'(Old Testament)이란 단어에서 '구'(Old)에 해당하

는 영문 글자의 수는 3개이고, '약'(Testament)에 해당하는 영문 글자의 수는 9개이다. 이 둘을 나란히 합친 수, 바로 39가 구약성경을 구성하는 책의 권수(卷數)이다.

그렇다면 신약은 어떨까? '신약'(New Testament)이란 단어에서 '신'(New)에 해당하는 영문 글자는 3개, '약'(Testament)에 해당하는 영문

글자는 9개이다. 이 둘을 곱한
수, 바로 27이 신약성경을 구성
하는 책의 권수이다.

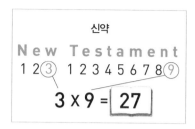

또한 예수님이 사역 초기에 선
택하신 제자의 숫자가 열두 명이
었다는 사실을 기억하는 것도 좋은 방법이다. 열두 제자 가운데 베드
로와 요한과 야고보, 이 세 사람을 나머지 아홉 사람과 구분하여 '예수
님의 세 제자'라고 칭하기 때문이다. 성경은 구약 39권과 신약 27권이
합해져서 총 66권으로 구성되어 있다('3×9=27'이라는 구구단을 떠올려서
'39(구약)+27(신약)=66(성경 총 권수)'이라고 생각하면 기억하기 좋을 것이다 -
편집자 주).

성경 66권은 내용에 따라 역사(History), 체험(Experience), 예언(Prophecy)
의 세 범주로 묶을 수 있다. 군대의 부사관들이 행진할 때 종종 붙이는
"HEP!"(헵)이라는 구령이 이 세 뼈대의 영문 첫 철자와 같다는 점을 상
기하면 암기하기 쉽다.

History(역사)

Experience(체험)

Prophecy(예언)

신구약 성경 모두 '역사'에 관한 기록으로 시작한다. 역사(History)란

성경의 세 골격

구약		신약
17권	역사	5권
5권	체험	21권
17권	예언	1권

실제로 '하나님, 그분의 이야기 (His Story)'라고 할 수 있다. 역사를 기록하고 있는 성경은 하나님의 세상에서, 하나님이 창조하신 사람들과 함께, 하나님이 어떻게 일하시어 왔는지를 말해주는 이야기이다.

신구약 성경 가운데는 '체험'을 말해주는 책이 있다. 여기에서는 우리의 현재 삶에서 하나님이 무엇을 하기 원하는지를 다루고 있다.

신구약 성경 모두 '예언'으로 마치는데 여기에서는 하나님이 미래에 하실 것들에 대해 기록되어 있다. 따라서 성경은 하나님께서 무엇을 하셨고, 무엇을 하고 계시며, 무엇을 하실 것인지 말해주는 책이라 할 수 있다.

이 세 가지 주제로 신구약 성경 전체를 요약할 수 있다. 성경에 역사서는 22권이다(구약 17권, 신약 5권). 성경 66권을 세 범주로 나누어 22가 나왔다고 생각하면 외우는 데 도움이 될 것이다. 우리가 성경 역사를 읽어보려면 성경의 3분의 1만 읽으면 되는 것이다.

또 신구약은 이런 역사를 보완하는 다른 책들을 각각 22권씩 갖고 있다. 이 부분들은 체험과 예언을 다루고 있다. 하나님은 구약성경에서 과거와 미래를 강조하시며, 신약성경에서는 하나님과 하나님의 말씀이 함께하는 현재의 체험을 강조하신다.

　학생들이 성경 이야기를 좀 더 실제적으로 느끼도록 하는 방법으로 성경에서 기록하고 있는 사건들이 발생한 지역의 지도를 직접 그려보도록 하는 방법이 있다.

　사실 성경의 지리적 배경이 된 지역은 생각보다 넓지 않다. 다음 지도에서 사각형 부분으로 표시한 곳이 성경에서 대부분의 사건이 일어난 장소이다.

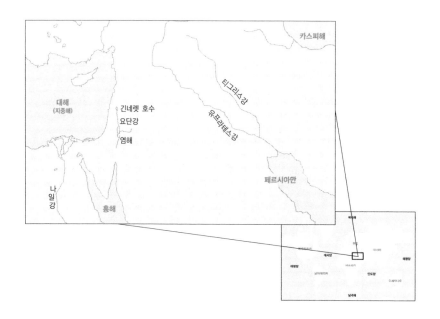

성경 지도를 오른쪽 위에서부터 시계 방향으로 보면 티그리스강, 유프라테스강, 페르시아 만, 홍해, 나일 강 및 지중해가 있다. 지중해의 바로 동쪽에 긴네렛 호수가 있다. 요단강은 긴네렛 호수에서 흘러나와 염해(사해)로 들어간다.

당신은 학생들이 언제 어디서든지 구약의 지도를 그릴 수 있기를 바라는가? 머릿속에 지도를 입력해놓으면 성경을 이해하는 데 유익하다. 다음의 이야기 한 토막이 구약의 지도를 기억하는 데 큰 도움을 줄 것이다. 내가 이야기를 하면서 그림을 그려볼 테니 이 방법을 통해 학생들을 지도해보자(75페이지 참고).

옆의 이야기를 읽으면서 손가락이나 연필로 지도 위의 선을 따라 여러 번 그려본 다음 보지 않고 공중에서 지도를 그려본다(반드시 번호 순서대로 그릴 필요는 없다). 다음에는 종이 위에 지도를 그려본다. 그리고는 그림에 해당하는 강과 바다 이름을 외운다.

옆 지도를 바탕으로 다음과 같이 재미있는 그림을 그려볼 수도 있다.

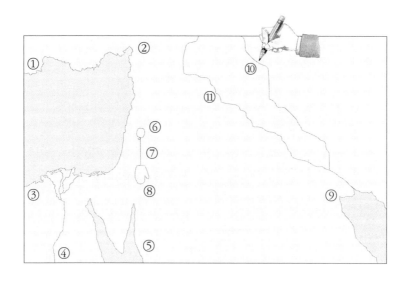

- 낚싯배의 뱃머리를 보고 있다고 상상한다(1,2,3번 선을 그림).

- 배에서 내려진 낚싯줄이 엉켜 있다(4번 선을 그림).

- 이 배의 뱃머리 바로 밑에는 물에 빠진 한 소년이 있는데 우리가 볼 수 있는 것은 그 소년의 마른 손가락 두 개뿐이다(5번 선을 그림).

- 그 소년은 이 사태를 대비하여 풍선에 줄을 매달아서 수면 위로 올려 보냈다(6,7번을 그림).

- 풍선이 너무 빨리 올라가지 못하도록 줄에 벙어리장갑(엄지손가락의 위치를 주목하라)을 달았다(8번을 그림).

- 오른편에는 물벌레 머리가 있다(9번 그림).

- 물벌레는 왼쪽에서 일어나는 일들을 피하여 안전하게 지나가기 위해 더듬이 두 개를 죽 뻗고 있다(10,11번 그림).

쉽게 그릴 수 있는 간단한 지도 위에 성경 이야기를 요약할 수 있다. 지도 위의 선과 지점들을 손가락으로 짚으면서 이야기를 따라 가보도록 하자. 이때 시대를 함축적으로 나타내는 상징물을 지도 위에 표시한다며 학생들이 더욱 잘 이해할 수 있다.

구약의 이야기

하나님께서 세상을 창조하시고 아담과 하와를 아름다운 에덴동산에 살게 하셨다(A). 인류는 번성했으나 계속 죄를 범했다. 하나님은 대홍

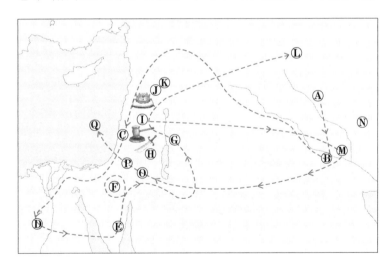

수로 인류를 심판했으며, 나중에는 바벨탑에서 사람들을 온 세상으로 흩으셨다. 하나님은 아브라함과 사라를 우르(B)에서 약속의 땅 가나안 (C)으로 불러내셨다. 하나님은 이들로 히브리 민족을 시작하셨다. 창세기의 나머지 부분은 아브라함, 이삭, 야곱, 요셉의 삶이 기록되어 있다.

히브리인들이 애굽(D)에서 큰 민족을 이루었고 그들은 노예가 되었다. 하나님은 열 가지 재앙과 모세를 통해서 그들을 구원하셨다. 그들은 홍해를 건너 시내산(E)으로 갔다. 그들은 광야(F)에서 가르침과 시험을 받았다. 마침내 히브리인들은 요단강(G)을 건너 약속의 땅인 가나안으로 들어갔다.

세 가지 상징은 수백 년간에 걸친 가나안에서의 삶을 말해준다. 칼 (H)은 여호수아의 가나안 정복을, 망치(I)는 여러 사사들을, 왕관(J)은 여러 왕들을 나타내고 있다(가나안은 이 세 가지 상징을 그리기 위해 크게 그려졌음에 유의하라). 사사 시대가 지난 다음에는 사울, 다윗, 솔로몬 세 사람이 차례로 이스라엘 통일왕국의 왕이 되었다. 그러나 네 번째 왕인 르호보암 때 그들의 통일왕국은 분열되었는데(K), 북 왕국은 이스라엘, 남 왕국은 유다라 부른다. 19명의 사악한 왕들이 통치한 이스라엘은 앗수르(L)에 의해 정복되었고 그 백성들은 전 세계로 흩어졌다(앗수르의 수도는 티그리스 강가에 있는 니느웨이다). 그 후에 유다 백성들이 유프라테스 강가에 있는 바벨론(M)으로 포로가 되어 끌려갔다. 70년이 지나서 바사(N)는 바벨론을 정복했고 유대인들을 유다(O)로 귀환하게 했다.

침묵기

구약과 신약의 중간기 400년 동안에는 선지자를 통한 하나님의 직접적인 계시가 없었다.

신약의 이야기

오랫동안의 침묵기를 지나서 하나님이신 예수 그리스도께서 사람의 몸으로 이 땅에 오셨고 우리 죄를 대신해 십자가에서 죽으셨으며(P) 부활하여 하늘로 올라가셨다.

예수님의 제자들이 성령의 능력을 받고는 복음을 주로 유대인들에게 전파했다. 사도 바울은 이스라엘의 북서쪽(Q) 지역으로 전도 여행을 다니며 이방인들에게 복음을 전했다. 또한 그는 신약성경의 많은 서신서를 기록했다. 복음은 오늘날을 사는 예수님의 제자들에 의해 지금도 전 세계에 전해지고 있다.

사도 요한은 이 세상 마지막에 대한 하나님의 계획을 예언하는 계시록을 기록했다. 성경은 계시록을 통해 창세기에서 시작한 것과 동일하게 됨으로써 끝이 난다. 하나님께서 그분의 창조물을 완전하게 돌보시며 모든 악이 사라진다.

당신은 주일학교 학생들이 성경의 주요 메시지에 대해 얼마나 잘 이해하고 있다고 생각하는가?

주일학교 학생들에게 하나님께서 이 모든 역사를 기록한 목적이 무엇인지 물어볼 경우 "그것은 하나님과 하나님의 구원 방법에 대해서 알리기 위함이에요"라고 말할 수 있는 학생이 몇 명이나 있다고 생각하는가? 또한 학생들에게 구원에 대한 성경의 가르침을 요약해보라고 하면 무엇이라고 말할 것 같은가? 일부 학생들은 성경의 주된 가르침이 착한 일을 행하는 것이나 십계명을 지키는 것이라고 대답할 것이다.

하지만 이는 성령의 주요 메시지가 아니다. 성경의 주요 메시지는 하나님께서 자신의 힘으로는 구원에 이룰 수 없는 모든 사람에게 거저 주는 선물로서 구원을 주신다는 것이다.

사도 요한은 다음과 같이 말했다.

> 오직 이것을 기록함은 너희로 예수께서 하나님의 아들 그리스도이심을 믿게 하려 함이요 또 너희로 믿고 그 이름을 힘입어 생명을 얻게 하려 함이니라
>
> 요 20:31

하나님이 세상을 이처럼 사랑하사 독생자를 주셨으니 이는 그를 믿는 자마다 멸망하지 않고 영생을 얻게 하려 하심이니라 요 3:16

그러면 예수님을 믿는다는 것은 무엇을 뜻하는가? 성경 이야기를 잘 알고 있는 수많은 주일학교 아이들이 영생과 천국을 잃어버릴 위험에 처해 있다. 예수님이 십자가에서 우리의 죄를 대신하여 죽으셨다는 사실을 아는 것만으로는 충분하지 않다. 예수님이 우리의 구주로서 우리의 죄를 용서해주는 분임을 믿고 우리의 마음속에 예수님을 초청해야만 하는 것이다.

나는 항공 여행을 즐거한다. 그런데 내가 어떤 항공사를 신뢰한다고 하면서 절대 그 항공사의 비행기를 타지 않는다면 그들은 나를 어떻게 생각하겠는가? 내가 그들을 신뢰한다는 사실을 보여주는 일은 그 항공사의 비행기를 타고 비행을 하는 것이다. 그렇게 할 때 나 스스로는 할 수 없는 것, 즉 나를 2시간 만에 1600킬로미터 밖으로 보내주는 일을 그 항공사가 해준다고 진정으로 믿는 것이 된다.

구원은 우리 스스로는 결코 얻을 수 없는 것이다. 구원은 예수님이 우리를 위해서 우리의 죄를 사하여주시고 우리에게 영생을 주심을 믿음으로 받는 것이다.

교사인 당신과 당신의 학생들은 천국에 갈 수 있다는 확신을 우리 자신이 아닌 구주께로 확실히 옮겼는가? 나는 중학교 1학년 때 나를 향한 예수님의 사랑에 대해 처음 들었다. 그리고 이 세상에서 구세주가 필요한 죄인이 오직 나 한 사람이었더라도 예수님은 기꺼이 나 하나만을 위해 십자가에서 돌아가셨을 정도로 나를 사랑하신다는 사실을 깨달았다. 그러나 예수님은 자신의 용서를 받아들이도록 강요하지 않으셨다. 오히려 내가 그 용서의 선물을 믿음으로 받기 원하셨다.

그 당시 나는 모든 것을 온전히 이해하지는 못했지만 조금 알고 있는 만큼 그대로 행했다. 내가 죄인이라는 것을 고백했고 또 예수님을 나의 주(主, Lord)와 구주(救主, Savior)로 믿기 시작했다. 그 시점부터 나의 삶은 완전히 새로워졌다. 이생은 물론 영원까지 계속될 새로운 삶이 시작되었다!

주일학교에서 학생들을 양육하면서 그들에게 반드시 명확히 가르쳐야 하는 것이 바로 하나님께서 성경을 기록한 목적과 예수님을 믿는다는 것이 무엇을 뜻하는가이다.

우리의 아이들이 예수 그리스도께서 자신의 죄를 위해 돌아가신 것에 감사하며 그분을 자신의 주와 구주로 고백하게 해달라고 하나님께 기도하며, 이에 대해 가르치는 교사가 되도록 하자.

학생들에게 둘씩 짝을 짓도록 한다. 이때 친한 친구나 늘 짝이 되는 친구보다는 새로운 친구와 짝이 되도록 유도한다.

둘씩 짝을 짓는 것은 집단에 친숙한 관계를 형성해주며, 수동적으로 듣기만 하지 않고 적극적으로 참여하게 하여 더 많은 것을 배울 수 있게 한다. 보통의 성인이 집중할 수 있는 시간은 약 8분으로 짧은 시간이다. 따라서 짝에게 외워서 말하게 하는 것은 상대가 경청하는 동안 깨어 있게 함으로써 그 내용을 확실하게 파악하는 데 큰 도움이 된다.

또한 짝과 함께 활동하는 것은 집단 안에서 개인적 책임감을 갖게 한다. 집단이 크면 클수록 개인들은 능동적으로 참여하지 않게 된다. 학생 모두가 말하도록 하는 최선의 방법이 짝을 이용하는 것이다. 나는 이 짝의 원리를 2명에서 2700명으로 구성된 집단에서까지 성공적으로 사용해왔다.

자, 이제 학생들이 짝을 지었으면 교사는 학생들에게 '지갑'이라는 단어를 주고 이것이 어떠한 지갑인지에 대해 서로 나누게 한다. 그러고 나서는 교사가 생각했던 지갑에 대해 학생들에게 다음과 같이 점차적으로 말해준다.

지갑

⇨ 빨간 지갑

⇨ 네모난 빨간 지갑

⇨ 길 위에 떨어뜨린 네모난 빨간 지갑

⇨ 동생이 뛰어가다가 길 위에 떨어뜨린 네모난 빨간 지갑

교사가 어휘를 늘려 가면 지갑에 대해 설명할수록 학생들은 교사가 언급한 지갑이 어떠한 지갑인지에 대해 더 자세히 알아가게 되며, 교사가 전체 문장을 설명해주면 그제서야 비로소 각 어휘들이 어떠한 관련이 있는지 정확히 알게 된다. 문장 전체를 아는 것이 그 문장을 구성하는 단어들을 이해하는 데 도움이 되는 것이다.

성경 전체와 성경을 구성하는 일부 내용과의 관계에서도 마찬가지이다.

한 명이 한 장씩

학생들에게 최근에 공부한 성경 전체나 일부분을 복사해서 나누어준다. 이때 성경에 기록되어 있는 장별 문단별 제목들은 지운다. 여기에서는 총 4장으로 구성된 요나서를 예로 들어 설명해보자.

네 명의 학생이 한 조가 되게 한다. 각 조에서 한 명이 자원해서 조장이 된다. 조장은 손을 들어 모두가 알 수 있게 한다. 자원하는 사람이 없으면 '요나서'이므로 'ㅇ'으로 시작하는 성을 가진 사람을 조장

으로 세울 수 있다. 'ㅇ'으로 시작하는 성(姓)을 가진 사람이 여럿이면 그들 중에서 조장을 시키고 싶은 사람을 가리키게 한다. 자원하는 사람에게는 상이 있을 것임을 말해주고 이전에 조장을 했던 사람은 또 조장을 하지 않도록 한다.

조장에게는 요나서 1장을, 나머지 세 사람에게는 각각 2,3,4장의 복사물을 나누어준다. 몇 분 동안 각자 자기가 받은 장을 읽고 네 단어 이하로 장 제목을 생각해서 적게 한다. 조별로는 요나서 전체를 읽게 되지만 각자는 단지 한 장씩만 읽는 것임을 상기시킨다. 자원하는 몇 사람에게 자기가 생각한 제목을 발표하게 하고 이를 칭찬해준다.

학생들에게 평소 성경을 읽었을 때보다 주제를 찾고자 하면서 읽었을 때 더 많은 것을 얻을 수 있었는지 물어본다. 그렇다고 하면 학생들은 '장별 제목 붙이기'를 통해 얻을 수 있는 유익 중 하나를 체험한 것이다.

학생들에게 각자 1분 스피치를 할 것이라고 말해준다. 교사가 "시작!"이라고 말하면 1장을 맡은 학생이 한 조인 다른 3명에게 1분 동안 자기가 읽은 내용을 설명한다. 설명하는 학생은 다른 3명이 요나서를 한 번도 읽어보지 않았다고 생각하고 말한다. 설명은 가능한 한 재미있게 이야기로 만들어서 연극처럼 하게 한다. 1분이 지나면 2장, 3장, 4장을 계속 같은 방법으로 발표하게 한다. 이와 같이 학생들 모두 자기가 맡은 것을 설명하도록 한다.

주제로 사행시 짓기

그룹 성경 공부에 딱 맞는 한층 더 흥미로운 방법이 있다. 각 장 제목의 첫 글자를 짜 맞추어 그 책의 주제를 표현하는 방법이다. 이런 문학 형식을 '이합체'(離合體, acrostic)라고 한다. 이렇게 하려면 먼저 읽고자 하는 책이 총 몇 장으로 구성되어 있는지 파악하고, 그 숫자에 딱 맞는 글자 수로 책의 주제를 정한 다음, 각 장에 배당된 글자로 그 장의 제목을 붙여 나가는 작업을 수행해야 한다. 이것은 각 행의 첫 글자로 운을 맞춰 사행시(四行詩)를 만드는 것과 유사하다.

학생들과 함께 사행시를 활용해 요나서 제목을 붙여보게 한다. 학생들에게 "요나서의 큰 주제가 무엇인가요?"라고 묻는다. 학생들이 "회개, 구원"이라고 대답했다면 요나서 1장의 제목을 '회', 2장의 제목을 '개', 3장의 제목을 '구', 4장의 제목을 '원'으로 시작하는 장별 제목을 생각해낸다

만일 다르게 말했다면 그 대답을 가지고 사행시를 만들면 된다. 장별 제목을 생각해내기 위해서는 브레인스토밍(brainstorming, 자유로운 토론으로 창조적인 아이디어를 끌어내는 일)을 이용하는 것도 좋다.

다음은 요나서의 각 장의 중심 내용을 '회개 구원'으로 지어본 사행시이다.

1장 **회** 피한 요나

2장 **개** 심한 요나

3장 **구** 원받은 니느웨

4장 **원** 망한 요나

4명씩 짝을 이룬 조별로 요나서 장별 제목을 사행시로 써보게 한다. 먼저 각 조별로 네 글자로 된 요나서의 전체 제목을 정하게 한다. 이때 '회개 구원'을 다시 사용해서는 안 된다(요나서의 제목을 '큰 물고기'로 정했다면 각 장 제목을, 1장은 '큰' 성읍 니느웨로 가지 않고 도망한 요나, 2장은 '물'고기 배 속에서 기도한 요나, 3장은 '고'대하던 니느웨의 구원, 4장은 '기'고만장한 요나와 하나님의 긍휼하심으로 지을 수 있다). 조장이 조별로 정한 제목을 불러주면 교사는 이를 칠판에 적는다.

제목은 각 조별로 서로 다르게 정해야만 한다. 각 조의 네 명이 함께 요나서 각 장의 제목을 어떻게 붙일지를 생각하며 장별 제목을 사행시로 써보게 한다. 교사는 각 조를 둘러보며 격려하거나 적절한 힌트를 준다.

제목 붙이기를 마친 조는 조장으로 하여금 조원들이 제목을 외우도록 인도하게 한다. 모든 조가 제목을 붙였으면 함께 나누어본다. 각 조별로 서로 물어보고 들으면서 자기 조가 정한 제목을 완전히 외울 수 있게 한다. 자원자로 하여금 사행시로 된 자기 조의 제목을 외워서 발표하도록 한다.

장별 내용을 파악하는 학습을 마쳤으면 이제 모든 종이를 덮고 요나서와 관련된 문제를 빠르게 내어 학생들이 맞히도록 한다. 다음과 같은 객관식 퀴즈에 학생들이 0, 1, 2, 3, 4 중 하나를 답으로 선택하게 한 다음 해당 숫자를 일제히 외치게 한다. 각자 자기 짝이 큰 소리로 외치고 있는지를 확인한다.

- 요나가 니느웨에서 말씀을 선포한 것은 몇 장에 나오나요?
- 요나가 배 밑층에서 잠든 것은 몇 장에 나오나요?
- 요나가 큰 물고기 뱃속에서 하나님께 기도한 것은 몇 장인가요?
- 벌레가 박 덩굴을 갉아먹은 것은 몇 장에 나오나요?
- 니느웨의 왕이 굵은 베 옷을 입고 재 위에 앉아 회개할 것을 선포한 것은 몇 장인가요?
- 뱃사공들이 바다 가운데 큰 폭풍이 일어나자 배에 있는 많은 물건들을 바다에 내던져버린 장은 몇 장인가요?
- 요나가 성을 내며 니느웨 밖으로 나간 것은 몇 장인가요?
- 요나가 하나님을 피해 다시스로 도망간 것은 몇 장인가요?

요나서에 관련된 질문을 마쳤으면 마지막에는 이것을 물어보라.

- 이와 똑같은 질문을 어제 물어보았다면, 모든 문제의 정답을 맞힐 수 있는 사람은 몇 명이나 될까요?

정답은 '0명'이다.

학생들은 사행시를 활용해 요나서를 공부함으로써 많은 것을 배우고 외울 수 있게 되어 기뻐할 것이다.

이제 만일 구약시대의 요나가 오늘날 우리에게 찾아온다면 우리는 어떤 조언을 해줄 수 있는지 조별로 의논하여 말해보도록 한다. 단, 답은 한 문장으로 하도록 한다. 그러면 각 조는 거의 이구동성으로 한 가지로 대답할 것이다.

"우리는 하나님의 말씀에 순종해야 한다."

학생들 각자에게 하나님이 자신에게 변화를 놓고 반복해서 말씀하고 계시는 삶의 영역이 무엇인지 생각해보게 한다. 그런 다음 "이번 한 주 동안 하나님을 기쁘게 할 수 있는 일이 무엇이 있을까요?"라고 물어본다.

요나서의 말씀은 대부분의 주일학교 학생들이 훌륭한 그리스도인 되기 위해서 필요한 것은, 더 많은 진리가 아니라 이미 알고 있는 진리의 말씀에 순종하는 것이라는 사실을 말해준다.

✝ 당신은 학생들에게 단지 퍼즐 조각만 주는 교사인가, 아니면 전체 그림을 볼 수 있도록 도와주는 교사인가? 당신은 새 학기를 어떻게 시작하는가? 제 일과로 바로 들어가는가 아니면 먼저 시간을 할애하여 한 학기 동안 배울 내용 전체를 개관해볼 수 있도록 하는가?

우리는 먼저 전체를 가지고 시작해야 한다. 그 다음에 주일마다 부분적인 것을 다루면서 전체에 연결시켜 나아가야 한다. 부분적인 것을 다 다루었다면 다시 전체를 보아야만 한다. 학생들에게 나무에 앞서 숲을 보여주고, 나무를 보여준 다음에 다시 숲을 보여주면 당신도 성경 특급교사가 될 것이다.

발표하도록 가르치는 법

05

탐구

심리학자 알프레드 문저르트 박사는 우리가 어떤 정보를 접하고 사흘이 지났을 때 어떤 수단으로 접했느냐에 따라 그 정보를 보존하는 능력이 다음과 같은 차이를 나타낸다고 발표했다.

- 읽기 : 10퍼센트
- 듣기 : 20퍼센트
- 보기 : 30퍼센트
- 보고 듣기 : 50퍼센트
- 공부하기 : 60퍼센트
- 큰 소리로 낭송하기 : 70퍼센트

그리고 그는 우리가 어떤 것을 직접 수행했을 때는 그것의 90퍼센트를 기억할 수 있고, 복습을 통해 암기했을 때는 100퍼센트를 기억할 수 있다고 덧붙였다.

따라서 학생들이 성경 지식과 이야기에 대해 가장 오래 기억하도록 하기 위해서는 학생들을 성경 수업에 능동적으로 참여시켜야 한다. 학생들은 수업 시간 동안 그저 앉아서 교사의 이야기를 듣는 것보다 직접 말하고 행동으로 표현할 때 수업 내용에 대해 훨씬 큰 흥미와 재미를 느낄 것이다. 또한 다른 학생들과 함께하는 단체 활동을 할 때 더 많은 것을 배우게 될 것이다.

이번 장에서는 다양한 연령의 학생들이 능동적으로 함께 즐기면서 하나님 말씀을 탐구할 수 있도록 가르치는 방법들을 제시하고자 한다. 여기에서 제시하는 창조적 말씀 프로젝트들은 모든 연령 집단에서 사용할 수 있으며, 어떤 과정이나 성경 내용을 가르치는 데도 활용될 수 있다. 이것들은 내가 주일학교 시간에 즐겨 사용해온 방법들로 그 효과를 보증한다.

신문 만들기

성경 공부시간에 학생들이 신문 기자나 편집자가 되었다고 상상해 보도록 한다. 이 방법의 핵심은 성경에 기초하여 오늘의 신문과 같이 편집해보는 것이다.

학생들에게 몇 분 동안 일간 신문을 보게 하고 신문에서 다루는 일상적인 내용들의 목록을 만들게 한다.

- 표제어 및 톱기사
- 사설·칼럼
- 주요 뉴스
- 묵상 글 또는 그림
- 만평
- 독자 기고
- 날씨
- 웰빙 라이프(건강 · 패션 · 여행 등)
- 브리핑 뉴스
- 레시피
- 국제·문화·스포츠

- 책 소개
- 사건과 사람들
- 구인 광고
- 생활 외국어
- 퀴즈 혹은 퍼즐

　자원하는 학생(개인이나 짝)으로 하여금 정해진 성경 본문을 가지고 어떤 형태의 기사를 쓸 것인지 정하게 한다. 이때 기사 형태가 서로 중복되지 않도록 한다.

　학생들의 참여가 제대로 되고 있지 않으면 이미 제작한 성경 신문 견본을 보여주는 것도 좋은 방법이며, 학생들의 창의성을 촉진하기 위해 학생 모두 짧은 구인 광고나 브리핑 뉴스를 쓰도록 할 수도 있다.

　학생들이 주어진 수업 시간 내에 신문을 완성하지 못하면 주중에 다시 모여서 완성하고 이렇게 만든 신문을 복사하여 발행하도록 한다. 주일학교 중등부와 같은 특정 독자층을 대상으로 하여 신문을 만드는 것도 창조적 대안이 될 수 있다.

　이처럼 창조적인 성경 공부 및 나눔 방법이 사람들을 자극하여 그들도 이런 방법을 활용하게 되도록 하나님께 기도하면서 신문을 배포한다.

거리에서 진리를 외치다

잠언가 120번지에 사는 이지혜 씨가 일주일째 거리광장에서 열광적으로 소리치고 있다. 그녀는 중심가의 군중들과 법정의 판사들을 어리석은 자들이라고 비판하며 그들이 진리를 조롱하고 그것과 대립하고 있다고 주장한다. 그녀는 자신의 안타까운 심정에 대해 "제가 그렇게도 여러 번 그들을 부르고 회개할 것을 촉구했지만 모두 헛수고였습니다"라고 호소했다.

그녀는 이 도시는 어리석은 선택의 결과로 곤고하게 될 것이며, 그때 자신의 외침을 무시한 사람들이 자신을 찾더라도 소용없다고 말했다. 또한 그녀는 오직 자신의 말에 귀 기울이고 회개한 사람들만이 평안을 누리게 될 것이라고 외쳤다.

솔로몬 상담 코너

저에게는 자신도 모르게 사람들의 마음을 상하게 하는 친구가 있습니다. 그녀에게 이 점에 대해서 말해주어야 한다고 생각하지만 그녀의 마음을 상하게 할까 고민입니다. 어떻게 해야 할까요? 임걱정 님

걱정 님, "적당한 말로 대답함은 입맞춤과 같으니라"(잠 24:26)라고 했습니다. 다시 말해 바른 말을 해주는 것이 참된 우정이라는 것입니다. 하나님께 이 문제를 놓고 간절히 기도한 다음, 친구에게 솔직하게 말해보세요. 단, 친구를 사랑하고 걱정하는 마음이 잘 드러나도록 얘기해야 합니다.

노아 기자의 날씨 정보

연일 계속하여 내리던 비가 오늘 아침부터 그치고 당분간은 맑은 날이 지속될 전망입니다.

브리핑 뉴스

베다니에 사는 나사로 씨가 죽은 지 나흘 만에 다시 살아났다는 충격적인 소식이다. 현재 경찰과 담당 의료진들은 이 사건에 대한 조사에 들어갔다. 목격자들은 '예수'라는 분이 무덤의 돌을 옮겨 놓으라 명한 다음 "나사로야 나오라"라고 큰 소리로 부르자 그가 무덤에서 나왔다고 전한다.

명망 높은 아브라함과 사라 부부가 지난 주 토요일 득남 소식을 전했다. 아이를 낳은 아브라함 씨와 사라 씨의 나이는 100세와 90세로, 이 부부는 최고령 출산 기네스북에 이름을 올리게 되었다.

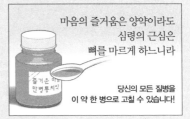

마음의 즐거움은 양약이라도 심령의 근심은 뼈를 마르게 하느니라

당신의 모든 질병을 이 약 한 병으로 고칠 수 있습니다!

독자 이야기

현재 연재되고 있는 《천지창조》를 통해 성경적 세계관에 대해 알아가고 있어 기쁩니다. 계속해서 사실적이고 구체적인 내용 부탁드립니다. 이기쁨 님

편집자님, 제가 생각하고 고민했던 것들을 이렇게 기사로 써주셔서 감사합니다. 특히 지난 주 특집 기사였던 《믿음에 타협은 없다》를 통해 진정한 그리스도인의 삶에 대해 깨달을 수 있었습니다. 진심으로 감사드려요. 오확실 님

━ 인물 탐구 ━

"다니엘 무서운 줄 아는 사자들"

이달의 유명 인사는 '다니엘'이다. 그는 이미 폭넓은 학식과 뛰어난 명철로 인해 명성이 높은 인물로서 다리오 왕의 총애를 받아왔다. 그런 그가 얼마 전 '다리오 왕 외에 다른 신을 섬기지 못한다'라는 조서의 명을 지키지 않았다는 이유로 사자굴에 던져지는 일을 겪어야 했다. 그러나 놀랍게도 그는 사자굴 속에서 조금도 해를 입지 않았다. 다니엘은 이 모든 것이 하나님께서 자신을 보호하셨기 때문이라고 고백했으며, 사람들은 사자들조차 다니엘을 존경한 듯하다며 놀라움을 표현했다.

어린 학생들을 가르칠 경우 간단하고 외우기 쉬운 멜로디를 이용하면 성경 말씀을 쉽게 외우도록 할 수 있다. 이때 좀 더 흥미롭게 하기 위해 율동을 할 수도 있고, 쉬운 악기를 연주할 수도 있다.

학생들이 초등부 이상이면 기존 곡의 음절마다 가사를 붙이도록 할 수 있다. 학생들에게 복음성가나 어린이 찬송가에 나오는 곡에 성경 말씀을 바탕으로 노랫말을 만들어보도록 해보자.

먼저 원곡을 노래하면서 각 소절의 음절수를 세어보도록 한다. 예를 들면, 〈예수 사랑하심을〉(새찬송가 563장)은 두 마디에 일곱 음절씩 되어 있다. 이제 이 음절 수에 맞게 성경 말씀을 바탕으로 새롭게 가사를 붙이면 된다. 다음은 다니엘서 3장의 내용을 가사로 만들어본 것이다.

느부갓네살이 맹렬히 타는 풀무불 아귀 가까이 가서 불러 이르되 지극히 높으신 하나님의 종 사드락, 메삭, 아벳느고야 나와서 이리로 오라 하매 … 불이 능히 그들의 몸을 해하지 못하였고 머리털도 그을리지 아니하였고 겉옷 빛도 변하지 아니하였고 불 탄 냄새도 없었더라 느부갓네살이 말하여 이르되 사드락과 메삭과 아벳느고의 하나님을 찬송할지로다 그가 그의 천사를 보내사 자기를 의뢰하고 그들의 몸을 바쳐 왕의 명령을 거역하고 그 하나님 밖에는 다른 신을 섬기지 아니하며 그에게 절하지 아니한 종들을 구원하셨도다 단 3:26-28

용감한 다니엘의 세 친구

우상숭배 거절한 다니엘의 세 친구

풀무불에 갇히나 머리털도 안 탔네

(후렴)

주 보호하심 주 보호하심

주 보호하심 하나님 찬양해 아 멘

심화 과정으로 한 학급을 네 개의 조로 편성해 각 조별로 한 절씩 가사를 붙이게 한 다음 이를 합쳐서 전체 곡을 완성해보도록 할 수 있다. 예를 들어 요나서의 내용을 바탕으로 가사를 만들어보자. 먼저 1-4장까지 각 장의 내용의 요점을 정리해본다.

1장 니느웨로 가라는 하나님의 명령을 피하여 달아난 요나는 거친 폭풍을 만나 바닷속에 던져지게 된다.

2장 큰 물고기 뱃속에 갇히게 된 요나는 자신의 잘못을 깨닫고 회개와 감사 기도를 드리며, 하나님께서 요나를 뱃속에서 꺼내주신다.

3장 니느웨로 간 요나가 하나님의 심판을 선포하자 니느웨 백성들에게서 대대적인 회개가 일어난다.

4장 하나님이 니느웨 성에 대한 심판을 철회하자 요나는 불평을 품고, 하나님께서는 박 덩굴을 통해 요나에게 큰 교훈을 베푸신다.

다음 페이지에 있는 곡은 장별로 정리한 요나서의 내용을 〈죄짐 맡은 우리 구주〉(새찬송가 369장) 곡조에 맞춰 붙여본 가사의 예이다.

중고등부의 경우에는 기존 곡에 좀 더 복잡한 가사를 붙일 수도 있다. 악보를 복사하고 가사를 지운 후에 새로 붙일 가사를 적는다. 필요하면 한 음절을 두 음 이상으로 늘릴 수도 있지만 한 음에 두 음절 이상으로 묶지 않는다. 음악적 재능이 뛰어난 청소년들은 작사는 물론 쉬운 코드로 직접 작곡도 할 수 있다.

100페이지에 있는 노래는 한 학생이 창작한 곡이다.

요나여 순종하라

1.하 나님이요나 불 러 선 교사명주셨 네
2.큰 물고기속에 갇 혀 요 나주께기도 해
3.요 나니느웨에 도 착 주 님말씀선포 해
4.성 밖으로나온요 나 주 께불평또불 평

요 나주뜻무시 하 고 다 시스로향했 네
위 기상황가운 데 도 감 사기도드렸 네
슬 픈소식전해듣 고 왕 과백성회개 해
하 나님이넝쿨준 비 하셔 그 늘지게하셨 네

거 친폭풍일어 나 서 제 비뽑기하였 네
요 나마음활짝열 고 말 씀순종결심 해
굵 은베로고쳐입 고 금 식선포했다 네
하 나님이벌레준 비 하셔 갉 아먹게하셨 네

사 람들은두려 워 서 요 나던져버렸 네
하 나님이허락하 셔 요 나탈출성공 해
하 나님이뜻돌이 켜 구 원선물주셨 네
하 나님의무한자 비 교 훈삼아배우 세 아 멘

주님의 잠수함

먼 옛날요 나란 사람 에 주님 전하라명 했네

그 곳에 요나야 가 라 니 느웨 땅으 로-(오) 그러 나요나

배를 타 고 도망 하였 네큰 폭 풍 만 나 바 다에 빠졌 네

깊 게 빠지었네 바 다 밑 저아 래 커 다 란 물고 기

요 나 를 한입 에 삼 키 었 네 오 오 그 때

요 나귀 에 들리 는- 주 님 말 씀 내 잠수 함이 란다 아

너 는다 시가 라 저 니 느 웨 로 !

이 곡은 멕시코 과달라하라 시에 있는 링컨고등학교 학생들의 창작곡이다.
원서에 기재된 원곡 악보에 편집자가 요나의 이야기를 바탕으로 가사를
지어 악보를 완성해보았다. – 편집자 주

성경에 등장하는 인물들에 대해 입체적으로 알게 되면 성경을 이해하는 데 훨씬 효과적이다. 성경 인물에 대한 말씀을 읽을 때 학생들에게 다음과 같은 다섯 가지 정보를 수집하도록 지도해보자.

- 인적 사항
- 시대 배경
- 성격
- 구체적 활동 내용
- 우리에게 주는 교훈

이와 같이 수집된 정보를 정리한 다음 다양한 창조적 이야기로 바꾸어볼 수 있다. 예를 들어 먼저 성경 내용을 바탕으로 '바나바'라는 인물을 정리해보자.

인적 사항
- 구브로 섬 출신의 유대인으로 부유한 지주 출신이다(행 4:36,37).
- 그의 본명은 요셉이다(행 4:36).

시대적 배경

● 주후 40년 동안 활동했으며 이 시기는 오순절 사건과 함께 교회가 태
  동되기 시작하여 예루살렘에서 유대와 사마리아, 그리고 안디옥까지
  복음이 확장되어 간 중요한 시기이다.

성격

● 착하고 믿음과 성령이 충만한 사람이라는 칭찬을 받았다(행 11:24).

● 바나바라는 이름은 '위로의 아들' 또는 '권위자'라는 뜻이다.

● 바나바는 자신이 가진 재산을 팔아 내놓을 만큼 헌신적인 신앙을 가
  지고 있었다(행 4:37).

구체적 활동 내역

● 다멕섹 도상에서 예수님을 만나 변화된 사울을 제자들이 받아들이려
  하지 않았을 때 그를 변호해주었다(행 9:26,27).

● 안디옥 교회에서 사역하던 중 다소에 있는 바울을 데리고 와서 함께
  무리를 가르쳤다(행 11:22-26).

● 안디옥 교회에서 안수를 받은 후 바울과 함께 1차 전도여행을 했다
  (행 13:3,4).

● 2차 전도여행 때 바나바는 마가 요한을 동행하도록 하느냐는 문제로
  바울과 의견 차이를 보여 결국 마가 요한을 데리고 구브로로 갔고,
  바울은 실라를 데리고 수리아와 길리기아로 갔다(행 15:37-41).

우리에게 주는 교훈

- 바나바는 어렵고 소외당한 자들을 위로하고 격려해주었다.

- 자신의 소유와 은사를 통해 하나님의 일에 헌신했다.

- 핍박과 환난 가운데서도 복음을 담대하게 전파했다.

이와 같이 학생들이 바나바에 대해 정리했으면 그림을 활용하여 자신만의 바나바 스토리를 담은 하나의 카툰을 만들어보도록 한다.

바나바의 실제 이름은 요셉으로 그는 구브로에서 태어나 거기서 자랐다.

어른이 된 바나바는 사람들을 돕는 것을 좋아했다. 그는 한때 바울도 도왔다.

바나바는 안디옥에 있는 교회에서 가르쳤으며 나중에 바울이 와서 그를 도왔다.

얼마 후 바나바와 바울은 선교사로 파송되었다.

바나바와 바울은 예루살렘 회의에서 전도여행에 대한 보고를 했다.

이후 바울과 바나바가 의견 차이로 갈라서는데 바울은 2차 전도여행을 떠났고, 바나바는 마가 요한을 데리고 구브로로 떠났다.

　　동일하게 정리한 내용을 가지고 어떤 사건과 이야기로 구성할 것인가에 따라 다양한 카툰이 나올 수 있다.

　　또한 교사는 이 내용을 가지고 카툰뿐만 아니라 학생들에게 성경 인물에 대한 기사를 작성하게 할 수도 있다. 다음 기사는 바나바의 사망 소식을 바탕으로 이야기를 만든 것이다.

　　성경의 내용을 정리하여 편지 형태로도 만들어 발표하게 할 수 있다. 106,107페이지에 나와 있는 글은 느헤미야의 이야기를 도비야가 산발랏에게 보낸 일련의 편지 형태로 개작한 것이다.

선교사의 거대한 별, 바나바 지다

 우리가 존경하는 전 세계 순회사역자인 교회 지도자 구브로의 요셉(사도들은 그를 바나바라고 불렀다)이 지난 화요일 젊은 나이에 요절했다. 레위족 유대인인 바나바는 기독교로 알려진 급신장하고 있는 신흥 종교에 오랫동안 관계해왔다. 그는 주로 안디옥 교회를 이끌어왔지만 예루살렘, 유대 및 지중해 북부 인근 지방에 대한 책임도 맡았다.

탁월한 교사이자 사도이자 선교사로 유명한 바나바는 기독교 논쟁의 선봉자로 잘 알려진 회심(回心)한 유대인 바울과 동역하며 선교여행을 했다. 바나바는 과거 그리스도인을 최고로 핍박했던 바울과 제일 먼저 친구가 되었으며 해가 갈수록 둘 사이 관계는 더욱 친밀해졌다. 안디옥 교회의 동역자로 두 사람은 모두 탁월한 전도자로 알려졌다. 그래서 그들은 해외 선교를 위임받았다.

1차 전도여행에서 돌아온 두 사람은 예루살렘에서 개최된 교회 공의회에 안디옥 교회의 대표로 파송되었고, 이 회의에서 수많은 중요 결정들을 했다. 많은 재능을 가진 바나바는 무척 존경받는 인물이었다. '위로의 아들'이라는 이름의 뜻처럼 바나바는 다른 사람들의 진보를 보람으로 여겼던 사람이다. 방해 가운데서도 그의 사역의 열매는 수많은 기독교 회심자들과 점점 견고해지는 교회의 성장으로 나타났다. 끊임없는 대중성에도 불구하고 겸손과 다른 사람들을 존중하는 것이 바나바의 삶의 특징이었다.

장례 예배는 안디옥교회에서 사도 바울의 집례로 드려질 예정이다. 유족으로는 여동생 한 명과 조카딸 한 명을 두고 있다. 조위금 전액은 유대인 구제 기금에 전달될 것이다.

김긍휼 기자

4월 29일 산발랏에게

 당신이 틀렸습니다. 나도 우리 모두가 지배하고 있다고 생각했습니다. 그런데 느헤미야라고 하는 자가 수산에서 와서 예루살렘 성벽을 조사했습니다. 나는 그가 통치자들과 귀족들을 이미 자기편으로 만들었다고 들었습니다. 그들은 성벽을 재건하려고 합니다. 우리가 그곳으로 내려가서 그들을 곤란하게 만들어야 합니다. 그들의 계획은 그 땅을 차지하려는 우리의 계획을 헛되게 할 것입니다.

> **추신** 사람들은 이 느헤미야가 아닥사스다 왕의 술 관원이었다고 합니다. 우리에게 필요한 바로 그 자리입니다!

도비야

6월 3일 산발랏에게

예루살렘에 사는 유수한 가문들 모두 성벽 재건에 함께하고 있는데 당신은 그저 앉아 그들을 그대로 두고 있습니다! 아, 우리는 분명히 그곳으로 내려가서 그들을 조롱했고 겁도 주었고 사마리아 군대들이 쳐들어온다는 소문이 나게 하기도 했습니다. 그렇지만 이것들이 다 무슨 소용이 있습니까? 게셈과 나는 이제 행동할 때라고 생각합니다. 당신은 도대체 어떤 지도자입니까? 이 유대인들은 점점 우리 손을 벗어나고 있습니다.

도비야

6월 10일 산발랏에게

나는 믿을 수 없습니다. 저 유대인들은 성문을 달아 올릴 준비가 되었으나 우리는 아직 아무것도 하지 않고 있습니다. 나는 당신이 싸우기를 두려워

한다고 생각합니다. 아라비아, 암몬 및 아스돗까지도 우리 편인데 당신은 성벽을 습격하는 것마저 주저하고 있습니다. 느헤미야가 일하는 사람들을 무장시켰다는 보고서 때문입니까? 아니면 느헤미야가 자기 하나님께 쉬지 않고 기도하기 때문입니까? 유대인에게 적어도 무엇인가 내부 문제가 있을 것입니다. 그것이 우리 문제에 대한 해답일 수도 있습니다. 나는 백성들이 노예처럼 묶여 있다고 불평한다고 들었습니다. 느헤미야가 이 문제를 어떻게 다루는지 봅시다. 그는 소름이 치도록 완벽합니다. 심지어 그는 총독의 녹봉도 받지 않는다고 합니다!

도비야

6월 20일   산발랏에게

적어도 당신이 시도는 해보았다고 인정은 해야겠습니다. 당신과 게셈은 느헤미야가 예루살렘을 떠나도록 계략을 썼으며 당신은 위협하는 편지도 보냈습니다. 당신과 내가 스마야를 매수해서 그를 해치는 예언을 하게 했지만 그것도 소용이 없었습니다. 이제 그들은 단지 52일 만에 성벽을 재건했습니다! 만일 내가 스가냐의 사위만 아니었다면 당신 자리를 차지했을 것입니다. 유대인들은 바사에서 돌아온 이후 그 어느 때보다 더 통일되어 있습니다. 저 느헤미야는 이제 진정한 지도자가 되었습니다. 나는 내부에서 귀족들의 마음을 사기 시작하려고 합니다. 나의 영향력을 사용해서 그들이 느헤미야에게 등을 돌리게 할 수 있다고 생각합니다. 당분간 소식을 전하지 않겠습니다. 이제는 다른 사람들에게 편지 쓰기에 바빠질 테니 말입니다.

도비야

게임하기

  소그룹으로 성경 공부를 할 때, 학습의 흥미를 유발하기 위한 가장 쉬운 방법은 블루마블(재산 증식형 게임) 같은 게임을 성경적인 게임으로 바꾸어 하는 것이다. 이런 통속적인 게임이라도 집에서 만든 성경 질문 카드만 있으면 수월하게 할 수 있다.

  게임 참여자들은 카드에 적힌 성경 퀴즈에 답변해야만 자기 '말'(馬)을 움직일 수 있다. 어떤 학생이 답변을 하지 못할 경우, 게임 진행자는 답을 알려주는 대신 관련 성경구절을 일러주어 그 사람이 직접 해당 구절을 찾아 큰 소리로 읽게 한다. 그래도 답변하지 못하는 사람은 벌칙으로 자기 차례에 한 번 쉬게 한다. 그리고 게임 참여자들이 뽑았던 카드는 다시 탁자 위에 놓인 카드들 속에 섞어둔다.

  이렇게 하면 게임 참여자들은 자기가 그 카드를 언제 또 뽑게 될지 모르므로 퀴즈의 내용과 정답을 암기하려 노력하게 된다. 그리고 카드에 "정답을 맞힐 경우에는 앞으로 3칸 이동하시오!", "답을 맞히지 못하면 뒤로 2칸 물러나시오!" 같은 흥미로운 문구를 적어 변수를 설정해놓으라.

  이와 같은 방법으로 다른 많은 게임들도 성경적으로 변형할 수 있다.

학생들의 능동적인 수업 참여를 위해 낱말 맞추기 놀이(크로스워드 퍼즐)를 활용할 수 있다. 성경 낱말 퍼즐을 만드는 것은 어려운 일이 아니다. 2개 그룹으로 나누어서 한 그룹은 성경 낱말 퍼즐을 만들고, 다른 한 그룹은 퍼즐을 풀도록 한다.

학생들로 하여금 적당한 분량의 말씀을 읽고 주요 인물이나 장소 및 사건 등에 해당하는 중요 단어들을 적도록 한다. 단어를 적을 때 겹치는 단어를 고려하며 적는다. 주요 단어들을 모두 적은 다음에는 성경 내용을 다시 한 번 읽어보고 부족한 부분에 단어를 끼어 넣어 성경 낱말 퍼즐을 완성한다. 가로와 세로 모두 단어가 시작되는 칸에 일련번호를 매긴다.

힌트는 성경 이야기를 요약하여 만들거나, 퍼즐 단어에 해당되는 부분을 빈칸으로 한다. 예를 들면, "하나님은 ○○○에 가서 말씀을 전파하라고 요나를 부르셨다"(욘 1장 참조)와 같이 한다.

성경 낱말 퍼즐을 만들 때 학생들의 연령과 학습 수준에 따라 차별성을 두는 것이 좋다. 다음은 각각 창세기 1-5장까지를 범위로 정하여 저학년을 대상으로 만든 성경 낱말 퍼즐과 범위에 구애 받지 않음으로써 더 풍부한 성경 지식을 요하는 성경 낱말 퍼즐이다.

성경 낱말 퍼즐 1

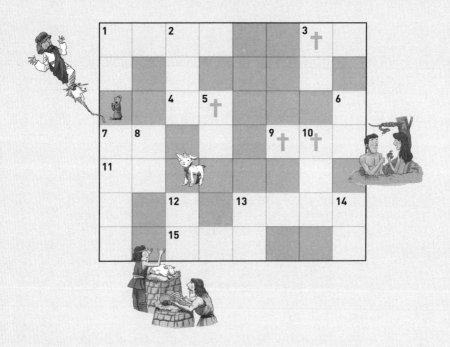

빈칸을 모두 채운 다음, † 표시 칸의 글자를 이용하여 다음 구절을 완성하시오.

여호와께서 또 눈의 아들 ○○○○에게 명령하여 이르시되 너는 이스라엘 자손들을 인도하여 내가 그들에게 맹세한 땅으로 들어가게 하리니 강하고 담대하라 내가 너와 함께 하리라 하시니라 **신명기 31:23**

(정답 : 117쪽)

1 '즐거움, 기쁨'이라는 뜻으로, 죄를 짓기 전의 아담과 하와가 살았던 장소이다(창 2:10-14).

3 하나님께서 만드신 인류 최초의 인간이다.

4 "내가 너로 여자와 ○○가 되게 하고 네 후손도 여자의 후손과 ○○가 되게 하리니"(창 3:15).

7 하나님께서 자신의 제물을 받지 않으시고 동생의 제물만 받자 질투하여 동생을 죽인 자이다(창 4:6-10).

9 구약에서 하나님을 부르는 대표적인 이름이다.

11 어떤 시각에서 어떤 시각까지의 사이를 말한다.

13 사람이 이 나무의 열매를 먹으면 영생할 수 있었다(창 2:9).

15 모든 교리와 신앙의 모태가 되는 책으로 구약 성경 첫 번째에 나오는 책이다.

1 365년 동안 하나님과 동행하는 삶을 살았으며 죽지 않고 살아서 승천한 인물이다(창 5:24).

2 일정한 시설을 갖추어 각지의 동물을 관람시키는 곳이다.

3 아담의 둘째 아들로 그가 양을 잡아 드린 피의 제사를 하나님께서 기쁘게 받으셨다(창 4:4).

5 또 여자에게 이르시되 내가 네게 임신하는 고통을 크게 더하리니 네가 ○○하고 자식을 낳을 것이며(창 3:16).

6 아담의 갈비뼈를 취하여 만든 여자로 아담의 아내이다(창 3:20).

7 "아담에게 이르시되 … 네 평생에 수고하여야 그 소산을 먹으리라 땅이 네게 ○○○○과 엉겅퀴를 낼 것이라"(창 3:18).

8 하나님이 자기 형상 곧 하나님의 형상대로 창조하신 피조물로 사람의 다른 말이다.

10 예수님이 예루살렘에 입성하실 때 이스라엘 백성들이 외쳤던 말로 '우리를 구원하소서'라는 뜻이다(마 21:9).

12 하나님께서 둘째 날 만드신 것으로 하늘의 다른 말이다(창 1:7).

13 하나님께 땅의 흙으로 사람을 지으시고 그 코에 이것을 불어넣으시니 사람이 생령이 되었다(창 2:7).

14 신체의 일부분으로, 보통 이것을 꿇고 하나님 앞에 기도한다.

성경 낱말 퍼즐 2

1 집을 떠나 여행길에 있는 사람을 일컫는 말로 성경에서는 천국에 소망을 두고 이 세상을 살아가는 성도를 부르는 말이다(히 11:13).

7 선지자 중 한 사람으로 하나님께로부터 니느웨로 가 복음을 전하라는 명령을 받은 인물이다.

8 브두엘의 딸이며 라반의 누이인 그녀는 이삭과 결혼하여 에서와 야곱을 낳았다 (창 22:23).

9 아브라함이 애굽 여종 하갈에게서 낳은 아들이며, 이삭의 이복형이다(창 16:11).

10 일정한 사명을 위임받아 파견된 자를 말하며, 바울도 자신을 이것이라고 칭했다 (고전 9:1).

11 이스라엘의 중앙 산맥의 서부 지역으로 드보라 사사가 이곳에서 이스라엘을 다스렸으며, 사무엘의 아버지 엘가나도 이곳에서 살았다(삿 4:5).

14 하나님이 거하시는 이동식 성소로 이스라엘 백성이 하나님께 제사를 드렸던 장소이다(출 26:1).

15 이스라엘 역사의 핵심적인 인물이며, 믿음의 조상으로 이름은 '열국의 아비'라는 뜻이다(창 17:5).

17 출애굽한 이스라엘 백성들이 건너간 바다이다(출 15:22).

18 암몬 사람으로 산발랏과 함께 예루살렘 성벽 재건을 적극적으로 반대한 사람이다 (느 2:10).

21 기브아 출신의 한 베냐민 사람으로 이스라엘의 초대 왕 사울의 부친이다(삼상 9:2).

22 바벨론 포로였던 이스라엘을 백성을 이스라엘 땅으로 귀환하게 했으며 성전도 재건축하도록 허락한 바사의 초대 왕이다(스 1:1).

23 라멕의 아들이며 셈, 함, 야벳의 아버지로 홍수를 피하기 위해 방주를 만들었다 (창 5:30,32).

25 사울과 그 아들 요나단이 전사한 곳이다(삼하 21:12).

27 바울과 바나바가 첫 번째 전도 여행 때 이 성에 들러 복음을 전파했다(행 13:6).

28 삼손의 사랑을 받은 여인으로 삼손의 힘이 어디에서 오는지 알아내고자 했다(삿 16:4).

29 "내가 네게 명령한 것이 아니냐 강하고 ○○하라 두려워하지 말며 놀라지 말라"(수 1:9).

30 갈대아 우르를 떠나 가나안에 들어온 아브라함은 이곳 동편 산에 도착하여 제단을 쌓았다(창 12:8).

2 이스라엘 백성들을 위하여 하나님께서 기름 부어 세우실 한 특정 인물이며 예수를 지칭할 때 사용되고 있다(마 1:16).

3 나사렛에서 북동쪽으로 6.4킬로미터 지점에 위치했던 갈릴리의 한 마을로, 예수님이 이곳에 거하셨을 때 가버나움에서 병들어 있는 자기 아들을 고쳐달라는 왕의 신하의 요청을 받고 그를 고쳐주셨다(요 4:46).

4 바벨론의 고위 관리이며, 예루살렘 점령과 포로 이송의 책임을 맡은 느부갓네살 왕의 시위대 장관이었다(왕하 25:8).

5 사마리아인들의 예배 중심지였던 산으로, 이곳에서 시므온, 레위, 유다, 잇사갈, 요셉, 베냐민의 6지파를 축복했다(신 27:12).

6 사도 바울의 동역자로 의사이며, 복음서와 사도행전의 저자로 알려져 있다.

7 소선지서의 두 번째 책을 기록한 선지자로 메뚜기 떼의 재앙을 예로 삼아 여호와의 심판의 날을 선포했다.

9 아모스, 호세아, 미가와 동시대에 활동했던 선지자로 메시아에 관한 예언을 많이 하여 '예언의 왕'이라고도 불린다.

11 대제사장 아론의 후손이며, 율법의 학사였다(스 7:1-6).

12 지극히 거룩한 장소로 성막의 가장 안쪽에 있는 방을 말한다(히 9:3).

13 내가 너희를 ○○와 같이 버려두지 아니하고 너희에게로 오리라(요 14:18).

16 아굴라의 아내이며, 남편과 함께 장막 만드는 일에 종사했다(행 18:2).

17 대제사장의 흉패의 둘째 줄 세 번째에 달렸던 진기한 보석이다(출 28:18).

18 예수님의 열두 제자 중 한 사람으로 처음에는 예수님의 부활을 의심했던 자이다(요 20:24,25).

19 예수님의 제자로서 세베대의 아들이며 요한의 형이다(마 10:2).

20 야곱이 얍복 강가에서 천사와 씨름하여 이긴 후에 새로 불려진 야곱의 이름이다(창 32:28).

24 "화평하게 하는 자는 복이 있나니 그들이 하나님의 ○○이라 일컬음을 받을 것임이요"(마 5:9).

26 하나님께서 만드신 인류 최초의 인간이다(창 2:19).

소모임 활동과 예배

주일학교 교사는 대규모 반이나 저학년 학생들이 성경에 대해 흥미를 가지고 수업에 참여하도록 하기 위해 학생들끼리 관심 분야에 따라 소모임을 만들어 활동하게 할 수도 있다. 소모임마다 가입을 권유하는 포스터를 만들어서 회원을 모으거나 소모임 리더가 직접 회원 모집을 하도록 한다. 소모임 리더를 세울 때는 열정이 있고 모임을 더욱 재미있게 만들고자 책임을 지려는 사람이어야 한다. 소모임 회원 수의 상한을 정해서 반의 모든 학생이 고르게 나눠지도록 하자.

소모임 활동을 한 다음 이에 대한 결과를 함께 나누는 시간을 따로 갖는다. 이 시간이 학생들에게는 가장 즐겁고 열심을 내는 시간이 될 것이다. 소모임 활동이 시간 내 끝나지 않더라도 크게 걱정할 필요는 없다. 학생들 스스로 좀 더 모임을 이어가거나 다시 만나 이야기를 마무리 지을 것이다.

또한 '요나의 밤'과 같은 행사를 준비하여 교회 전체의 저녁 예배로 드릴 수도 있다. 학생들이 이 날을 열심히 준비하게 하는 것은 좋은 결과를 얻으려는 동기부여가 될 것이다. 주일학교가 저녁 예배의 모든 순서를 맡는다는 생각은 창조적 성경 활동의 하나가 된다. 이때 예배로 드릴 수 있는 활동으로는 다음과 같은 것이 있다.

- 친숙한 찬송가 곡조에 성경 말씀으로 가사 바꿔 부르기
- 간단한 개인 발표(설교, 독백, 시 낭송)
- 집단 발표(대화, 드라마, 마임)
- 학생들의 작품 전시

이와 같은 활동은 예배에 참석한 장년들에게는 즐거움을 주고, 학생들보다 더 어린아이들에게는 아름다운 본보기가 되면서, 학생 자신들에게는 이루고자 하는 가치 있는 목표를 부여하게 된다.

이 외에도 성경학교나 전도 여행, 특별 초대 강사의 성경 강의 등을 통해 성경에 대한 폭넓은 지식을 쌓도록 할 수 있다. 또한 다과를 나누며 창의적인 방법으로 성경 내용을 표현해보는 간담회를 열 수도 있다. 예를 들면 이때 모든 컵케이크나 과자를, 지난 학기에 배운 성경 내용에 나오는 인물, 지명, 사건들로 장식할 수 있다(상징이나 글자를 통해 할 수 있다).

✝ 이처럼 여러 방법들 가운데 주님은 어떤 것이 당신의 학급에서 사용되기를 원하시는지 물어보는 교사가 되길 바란다. 학생들이 성경 학습 활동에 기쁘게 참여하도록 인도할 때 당신은 최고의 성경 특급교사가 될 것이다.

성경 낱말 퍼즐 1 정답

¹에	덴	²동	산		³아	담
녹		물			벨	
	⁴원	⁵수				⁶하
⁷가	⁸인	고		⁹여	¹⁰호	와
¹¹시	간				산	
덤	¹²궁		¹³생	명	나	¹⁴무
불	¹⁵창	세	기			류

정답 : 여호수아

성경 낱말 퍼즐 2 정답

¹나	²그	네		³가	⁴느		⁵그		⁶누
	리		⁷요	나	부		⁸리	브	가
⁹이	스	마	엘		사		심		
¹⁰사	도		¹¹에	브	라	임	산	¹²지	
야		¹³고	스		단			¹⁴성	막
		¹⁵아	¹⁶브	라	함			소	
¹⁷홍	해		리		¹⁸도	비	¹⁹야		²⁰이
마		²¹기	스		마		²²고	레	스
²³노	²⁴아	²⁵길	보	²⁶아		²⁷바	보		라
	²⁸들	릴	라	²⁹담	대			³⁰벧	엘

다니엘이 되도록 수업하기

06

극화

당신은 주일학교 교사로서 수업을 준비하면서 다음과 같은 것들이
가능한 수업 방법을 찾고 있는가?

- 학생들의 흥미를 유발한다.
- 모든 학생들이 적극적으로 참여한다.
- 학생들이 서로 생생한 토론을 한다.
- 학생들이 다른 사람들의 관점을 이해하도록 돕는다.
- 성경에 나오는 풍습들을 잘 기억할 수 있도록 가르친다.

그렇다면 당신은 역할극이나 연극 같은 방법을 찾고 있는 것이다.
역할극은 간단히 말하면 두세 학생이 특정 상황을 연출하여 몸짓을 섞
어가며 자발적으로 이야기하도록 하는 교육적 기법이다. 연극은 대본

이 있어야 하며 많은 배역과 연습을 필요로 한다. 그렇지만 연극과 역할극의 기술적 차이를 명확히 구분 짓기에는 애매하다.

학생들을 극화 기법에 적극적으로 참여시키려면 교사는 무엇보다 먼저 극화 수업을 통해 무엇을 배우고자 하는지에 대한 수업 목표를 분명하게 정해야 한다. 학생들은 자신들이 무엇 때문에 연기를 하는지 명확하게 인식할 때 극화 수업에 더 능동적인 태도로 참여할 것이다. 언제나 목표가 정해져야 그것에 따라 활동을 결정하게 되는 것이다.

극화 수업을 진행하기 위해 주일학교 교사는 성경 이야기를 가능한 한 최대로 생생할 수 있도록 학생들에게 들려주어 학생들이 이야기 속 등장인물의 성격이나 구체적인 행동을 파악할 수 있도록 한다. 교사가 이야기를 마치면 학생들에게 일련의 장면들과 등장인물들을 결정하도록 한다. 가능하면 학생들이 자발적으로 인물을 결정하도록 유도하며, 이때 인기가 없는 학생이 인기 없는 배역을 맡지 않도록 주의한다.

고학년 학생들의 경우 두세 그룹으로 나누어서 각각 극화할 장면을 맡긴다. 교사가 배역을 맡은 학생에게 인물에 대한 다양한 질문을 함으로써 학생이 인물을 파악하는 데 도움을 줄 수 있다. 이를 위해 성경 퀴즈 대회를 열거나 학급별 필기시험을 볼 수도 있다.

극화 수업을 진행할 때 교사는 무대 배경이나 조명 등 연극이나 역할극을 하는 데 필요한 환경이 갖추어져 있는 경우 적극 활용하며, 그렇지 못하더라도 헌 수건이나 보자기, 자연스럽게 걸칠 수 있는 길고 헐거운 옷 등으로 당시 무대 의상을 직접 만들어보거나 간단한 소품을 활용하여 무대를 연출해본다. 연기를 하는 데 지리적인 것이 중요한 경우에는 교실 바닥에 성경 지도를 깔아 놓았다고 상상하며 특정 사람이나 사물의 위치가 특정 강이나 바다와 도성들의 위치라고 지정한다.

교사는 성경의 내용을 대본으로 표현할 때 학생들의 이해를 돕기 위해 세밀한 내용을 보충해야 한다. 예를 들어 '악한 세대'의 이미지를 표현해야 하는 경우 학생들이 이를 정확히 파악하는 것이 어려울 수 있으므로 극의 상황에 맞도록 '시비 걸 일이 없나 서성대며 사람들 뒤에서 나쁜 말을 내뱉는 사람들'이라고 표현한다.

또한 주일학교 교사는 학생들의 지적 상상력을 자극하고 강화하기 위해서 학생들에게 범인을 검거하기 위해 단서를 찾는 형사처럼 성경의 이야기와 관련된 내용들을 직접 생각해보라고 가르친다. 다양한 시각 자료를 통해 상상해볼 수도 있고, 성경 시대의 풍습과 관련된 여러 서적을 참고하면서 생각의 폭을 넓혀볼 수도 있다.

예를 들면 성경 이야기에 상상력을 동원하여 다음과 같은 익살적인 내용을 만든 다음, 이를 연극 대본으로 바꾸는 작업을 할 수 있다.

바벨탑을 쌓기 전 세상의 언어는 하나였다.

그러던 어느 화요일 오전, 건물 기초 공사 일을 하고 있던 성준은 아래층에서 일하고 있는 경호에게 벽돌을 달라고 말했다.

"성준아, 여기 벽돌이 너무 부족한데 3층으로 벽돌 좀 운반해줄 수 있겠니?"

"Ach du lieber! Qu'est-ce que c'est?"

"너 지금 뭐라고 말하는 거니?"

"Qu'est-ce que c'est?"

"너 도대체 지금 무슨 말을 하고 있는 거야?"

그러나 어제까지만 해도 서로 같은 말로 이야기를 주고받던 경호와 성준은 갑자기 서로의 말이 무슨 뜻인지 알아들 수가 없었다. 인부들이 서로 의사소통을 할 수 없게 되자 건물을 짓는 모든 일이 중단되었다.

하나님께서 사람들의 언어를 흩으심으로 그들의 반항적인 노력을 헛되게 만드신 것이다. 그러자 서로 말이 통하는 사람들끼리 모여 자신들의 문명을 개발하기 시작했다.

성경 이야기를 연극 대본으로 각색할 때 성경 시대의 사건 속에 있을 법한 단역이나 동물들의 눈을 통해 이야기하는 방법으로 재치 있게 바꿔볼 수도 있다.

다음은 예루살렘 성벽 밖의 목장에서 두 마리 양이 서로 이야기를 주고받는다는 설정으로 각색한 내용이다.

어린 양 (바위를 망치와 끌로 두드리는 소리가 들린다) 도대체 저 소동은 다 무엇 때문이에요?

 늙은 양 제사장들과 엘리아십이 성벽과 양문을 짓고 있어.

어린 양 (호기심이 가득해서) 어떻게 알았어요?

늙은 양 (부드러운 목소리로) 으음, 지난밤에 힌놈 계곡을 따라 풀을 뜯고 있었는데 몇몇 사람들이 무너진 성벽 곁에서 걷고 있었단다. 가까이 가보니 한 사람은 나귀에 타고 있었는데 무엇인가를 두루마리에 쓰면서 돌을 집어올리고 있었지. 그러고는 다른 사람에게 무엇을 할 것인지 어디로 갈 것인지 말해주었어.

어린 양 (머리를 들이대며) 그래서요?

늙은 양 그래서 좀 더 가까이 다가가서는 기혼 샘까지 성벽 길을 쭉 따라갔어. 마침내 그들은 멈춰 섰고 나귀를 탔던 친구는 머리를 흔들면서 나귀에서 내렸지. 그러더니 그가 이렇게 말했지. "이 성벽과 문들은 재건될 수 있다! 하나님이 도와주시고 우리가 기도로 함께하면 할 수 있다. 나는 단지 하나님의 일을 이루어지게 하는 사람일 뿐이다!"

그런데 그 순간 거센 바람이 불어와 다른 사람의 말은 들을 수 없었단다. 구름은 달을 가렸고 그들은 다윗의 옛 성으로 사라져가는 것처럼 보였지. 더 이상 아무도 볼 수 없었어. 그렇지만 마지막 한 마디는 들을 수 있었어. 나는 "느헤미야, 당신이 이곳에 온 것은 정말 놀라운 일이에요. 당신은 사람들의 마음을 하나로 모으는 탁월한 지도력을 가진 분입니다"라는 소리를 들었단다. 페르시아에서 온 느헤미야라는 자가 성벽 재건을 이끌고 있었던 거야.

어린 양 미쳤군요! 그들은 결코 할 수 없어요. 그건 엄청난 일이에요.

늙은 양 글쎄, 난 잘 모르겠구나. 왜 모든 제사장들이 최근에서야 무엇인가를 함께하려고 하지. 그들은 하나넬 망대에 이르는 모든 성벽까지도 건축하고 있어.

어린 양 그건 불가능해요. 절대로요! 매-애애.

늙은 양 과연 그럴까? 그런데 한 가지 분명한 사실은 유대인들이 하나님의 영광을 위해 일할 때는 하나님께서 반드시 함께 일하신다는 사실이야. 너나 나의 생각으로는 절대 이루어질 수 없을 것 같은 일들도 그분이 함께하시면 이루어지지. 나는 지금껏 그러한 일들을 보아왔단다.

어린 양 정말요? 정말 저 성전이 재건되는지 끝까지 지켜봐야겠어요!

친숙한 성경 이야기에 대한 새로운 접근 중 하나로 성경 인물과 인터뷰하는 방법도 있다. 다음 내용은 한 학생이 노아 이야기를 인터뷰 형식으로 재구성한 것이다.

 기자 안녕하십니까? 저는 서울시 용산구에 사는 박정연이라고 합니다. 몇 년 전 무척 모험적인 선상 여행을 하셨다고 들었습니다. 그 사건에 대해 몇 가지 알아보고자 하는데 가능하겠습니까?

 노아 예, 말씀하시죠.

기자 감사합니다. 여행에 대한 말씀 전에 먼저 가족부터 소개해주시겠습니까? 주일학교 학생들이 무척 궁금해 합니다.

노아 물론이죠. 저는 아담이 태어난 지 1060년 후에 태어났습니다. 아담을 아시나요? 아담과 하와 말씀입니다.

기자 물론이죠. 주일학교에서 배웠습니다.

노아 제 아버지 라멕은 저를 낳을 때 나이가 182세쯤이었습니다. 제 조상 중에는 아직도 많은 사람이 살아 있습니다. 아담, 셋 그리고 에녹 할아버지들만 빼고는 모두 연락이 닿고 있습니다. 에녹 할아버지는 당신도 아시는 것처럼 하나님과 동행하셨습니다. 우리 집안의 계보는 창세기에서 볼 수 있습니다.

기자 정말 감사드립니다. 이번에는 아내와 자녀들에 대해 말씀해주시
  겠습니까?

노아 아내와 제가 결혼한 지는 무척 오래되었지만 제가 500세가 될 때까
  지는 자녀가 없었습니다. 그 다음 단 세 자녀만 낳았습니다.

기자 제가 맞춰볼까요? 2남 1녀이시죠?

노아 아니요, 모두 아들입니다.

기자 자녀들의 이름은 어떻게 됩니까?

노아 셈과 함과 야벳입니다. 우리의 결혼생활은 당시로 보아서는 별났습
  니다. 수많은 사람들이 젊어서 결혼하고 이혼하고 재혼하기도 했습
  니다. 어떤 사람은 결혼도 하지 않고 아이만 낳기도 했습니다. 말할
  필요도 없이 많은 가정들이 깨어졌고 아이들은 제대로 자라지 못했
  습니다. 그렇지만 우리 아이들 만큼은 제대로 키울 수 있어서 다행
  입니다. 젊었을 때 저는 오늘날 사람들의 삶이 하나님을 기쁘시게
  하지 못한다는 것을 깨닫고 하나님을 따르겠다고 마음속으로 다짐
  했습니다.

성경에 기록되어 있는 문제를 가지고 학생들끼리 서로 토론하도록 할 수도 있다. 예를 들면, 고린도전서 8장에서 언급된 우상에게 바친 제물에 대한 해결 방안을 찾기 위한 토론 장면으로 무대를 꾸미고 결말을 정해놓지 않은 채 서로 나누어보도록 하자.

이와 같은 역할극은 오늘날의 우리 사회 문제를 가지고 할 수도 있다. 예를 들면, 반에서 브랜드 옷을 입지 않는다고 해서 따돌림을 당하는 한 소녀의 문제로 역할극을 하는 것이다. 그리고 다음과 같은 질문들을 한다.

- 학생이 그 소녀라면 어떤 기분이겠어요?
- 학생이 반에서 그 소녀와 제일 친한 친구라면 어떻게 하겠어요?
- 학생이 이 모습을 본 선생님이라면 어떻겠어요?
- 마지막으로 이 사건에는 어떤 성경적 원리를 적용할 수 있을까요?

이처럼 학생들과 함께 삶에서 배우게 되는 진리를 찾아내어 보여주는 단막극을 계획하여 발표해보자.

부모는 성경 이야기를 어린자녀에게 소리 내어 읽어줄 때 그것을 자신의 말로 바꾸어 더욱 쉽게 표현하려고 노력할 것이다.

이처럼 주일학교에서도 학생들의 연령과 특성에 맞게 다양한 방법으로 성경을 읽을 수 있다. 중고등부 아이들의 경우 성경 말씀을 한목소리로 읽게 하거나 일정 부분 나누어 읽게 하거나 또는 번갈아가며 읽게 한다.

성경을 읽을 때 교사가 학생들에게 1장에서 언급한 육하원칙(누가, 무엇을, 언제, 어디서, 왜, 어떻게)에 따라 질문을 하면 성경에 대한 학생들의 이해력을 증진시킬 수 있다. 초등부나 중등부 학생들은 탐정가처럼 육하원칙에 따라 단서 찾기를 좋아한다.

"하나님께서는 우리가 어떤 사람이 되기를 원하실까요?"

"하나님께서는 우리가 무엇을 하기를 기뻐하실까요"

학생들에게 이렇게 질문함으로써 사실을 아는 데 그치지 않고 그 말씀을 삶에 적용하도록 한다. 교사가 말씀을 함께 읽을 때, 계명이나 좋은 사례가 되는 말씀처럼 우리에게 적용할 말씀이 나오면 잠시 읽기를 멈추게 하는 것도 좋은 방법이다.

또한 학생들로 하여금 성경 이야기의 흐름에 따라 억양을 바꿔가며 뜻과 감정을 모두 실어 읽도록 하면 학생들이 성경을 더욱 입체적으로 이해하며, 성경 본문을 더 오래 기억할 수 있을 것이다.

반 전체가 성경 말씀을 한 사람씩 낭독하도록 하고 이것을 녹음하는 것도 좋은 교육 방법이다. 어린 학생들에게는 울음소리, 웃음소리, 천둥소리, 물소리, 발 구르는 소리 등 음향효과를 내게 할 수도 있다. 말씀을 다 읽었으면 학생들에게 말씀을 통해 느꼈던 점들을 서로 이야기하며 나누게 한다.

대부분의 학생들은 성경을 좀 더 이해하기 쉬운 언어로 풀어서 읽어주거나 설명해주는 것을 좋아한다. 따라서 학생들에게 자신들만의 의역판 성경을 만들도록 해보자. 자신들의 언어와 문화를 담아 성경을 만드는 작업은 여간 흥미로운 일이 아니기 때문이다. 그러나 그전에 성경 말씀을 읽고 또 읽도록 하여 성경의 본뜻을 명확히 깨닫도록 해야 한다.

다음 페이지는 한 학생이 느헤미야서 10장을 의역한 예이다.

✝ 이처럼 연극을 활용하거나 자신만의 성경을 만들도록 할 때는 이런 활동이 성경의 진리에서 벗어나지 않도록 유념해야 한다. 교사는 그때그때 학생들에게 토론을 유도하거나 유익한 질문들을 던지면서 이런 활동으로 이루고자 했던 수업 목표를 달성하도록 기도한다.

언약에 인봉한 사람들

10 교회 언약에 맹세하고 이름을 적은 사람은 다음과 같다 … ²⁸ 그리고 성가대원, 청년들, 관리인, 여성 선교회원, 및 주일학교 학생들이 맹세를 했으며, 하나님의 율법을 지키며 세상과 구별되게 살겠다고 결심한 모든 사람들과 이런 삶의 의미와 중요성을 이해할 수 있는 사람들은 모두 다 가족별로 맹세했다. ²⁹ 이들 모두는 다음과 같이 맹세하며 서명했다. 여기 모인 하나님의 사람들은 성령의 감동으로 기록하여 우리에게 주신 하나님 말씀대로 살 것을 맹세한다. 우리는 주님의 계명과 말씀을 통해 명하신 모든 것을 지키고 순종하기로 한다. ³⁰ 그리스도의 이름을 피하며 자신의 이기적인 것만 추구하는 사람들과는 감당 못할 짐을 같이 지지 않기로 한다. ³¹ 주일에는 아무것도 사거나 팔지 않고 안식일로 지킨다. 하는 일을 쉬고 주님 및 가족들과 함께 여가를 지내도록 하며 가끔 경쟁이 치열한 세상 일로부터 휴식을 취한다. ³² 매년 우리 소득에서 얼마를 교회의 유지와 개선을 위해서 바친다. ³³ 그 돈은 교회 버스를 새로 구입하기 위하여 쓸 것이며 카펫과 세례 용품 및 창문들을 청소하기 위하여 쓸 것이고 오래된 찬송가를 새로 바꾸기 위하여 쓸 것이며 하나님의 전을 유지하는 데 필요한 모든 것들을 구입하기 위하여 쓸 것이다. ³⁴ 또 우리는 가정마다 순서를 정해 교회의 정기 예배에서 중요한 일인 성찬을 위하여 떡과 포도주를 가져올 것이다. ³⁵ 하나님께서 우리를 부요케 하셔서 한 주간 동안 일해 거둔 열매에서 헌금으로 떼어 주님께 주일마다 드린다. ³⁶ 목사님께 우리와 함께 우리의 헌신을 위해 기도해주기를 부탁하고 우리의 아들과 딸과 사업을 주님께 바친다. ³⁷ 그리고 우리 삶의 모든 분야에서 하나님이 우리를 쓰시도록 헌신한다. ³⁸ 목사는 집사 및 기타 교회 지도자들이 교회에서의 의무와 책임을 다하도록 도와주며 그들의 필요를 살필 것을 맹세한다. ³⁹ 그리고 집사, 평신도, 성가대원 등 모든 사람이 교회의 모임과 훈련에 돈과 시간 및 재능을 드리기에 게을리 하지 않을 것을 맹세한다. 또한 우리는 주의 전에 나오는 것을 등한히 하지 않을 것이다.

성경 말씀을 익사이팅하게
암송하도록 가르치는 법

07
기억

　인생의 수많은 일들과 마찬가지로 말씀 암송도 다른 사람들과 함께 할 때 더 쉽게 할 수 있다. 이 장에서는 성경 말씀을 더 즐겁게 암기할 수 있는 방법들을 제시하고자 한다.

　성경 구절을 암송하는 네 가지 방법을 나타내는 영문의 첫 글자를 모으면 교환이란 뜻의 'SWAP'이 된다. 그것은 큰 소리로 읽기(Say it aloud), 기록하기(Write it down), 몸짓으로 표현하기(Act it out), 하나님께 기도하기(Pray it back)이다.

　학생들이 하나님의 말씀을 암송하는데 'SWAP'을 활용할 수 있도록 수업을 진행해보자. 이를 연습하기 위한 말씀들을 함께 선택하되 이미 알고 있는 성경 구절은 피하도록 한다.

　여기에서는 골로새서 3장 16절 말씀을 주로 다루기로 한다.

큰 소리로 읽기(Say it aloud)

성경 구절을 암송하는 첫 번째 방법으로 '큰 소리로 읽기'(Say it aloud)가 있다. 골로새서 3장 16절 암송을 시작하기에 앞서 요한복음 3장 16절을 얼마나 많은 학생들이 알고 있는지 물어본다. 교사가 "다함께 요한복음 3장 16절을 외워봐요"라고 말한 다음에 "요한복음 3장 16절"이라고 성경과 장, 절만을 말해 분위기를 화기애애하게 만든다. 그러고는 "저는 여러분 모두가 외우고 있다고 생각했어요"라고 덧붙인다.

지난 수년간 우리가 요한복음 3장 16절을 암송하는 데 공을 들인 것처럼만 하면 어떤 성경 구절도 이와 같이 완벽하게 외울 수 있음을 강조하여 설명해준다. 그 다음으로 이번 시간의 암송 구절인 골로새서 3장 16절을 들어간다.

말씀을 암송할 때는 말씀 앞과 뒤에 성경 이름과 몇 장, 몇 절을 넣어 함께 외우도록 한다. 암송을 시작하기 전에 교사의 손짓이 갖는 의미를 먼저 설명한다. 한 손으로 '쓸어 내리는 손짓' 을 하면 학생 모두가 한목소리로 교사가 읽은 말씀을 따라 말한다는 것을 뜻한다. 또한 마치 어떤 물건의 길이를 나타내듯이 두 손을 내밀어 '괄호 모양' 을 하면 학생들이 지금까지 암송한 성경 구절을 처음부터 다시 암송한다는 뜻이다. 그러나 교사가 성경 구절에 대해 아무

손짓도 하지 않고 질문할 경우 학생들은 그 질문에 대한 대답을 해야
한다.

이제 손짓 신호를 무작위로 하면서 속사포를 쏘듯이 질문을 계속 한
다. 단, 학생들의 능력 이상으로 문제를 내지 않도록 주의한다. 그렇다
고 너무 쉽게 해서도 안 된다. 그러면 학생들이 흥미를 잃게 되기 때문
이다. 물론 가장 중요한 일은 신호를 끊임없이 주는 것이다.

이제 학생들 모두가 큰 소리로 골로새서 3장 16절을 읽게 한다.

> 그리스도의 말씀이 너희 속에 풍성히 거하여 모든 지혜로 피차 가르치며 권면
> 하고 시와 찬송과 신령한 노래를 부르며 감사하는 마음으로 하나님을 찬양하고
>
> 골 3:16

 교사 그리스도의

 학생 그리스도의

교사 말씀이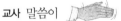

학생 말씀이

교사

학생 그리스도의 말씀이

교사 이 말씀의 처음은 어떻게 시작하나요?

학생 그리스도의

교사 누구의 말씀에 대해서 우리가 암송하고 있나요?

학생 그리스도

교사 그리스도께서 가지고 계신 것은 무엇인가요?

학생 말씀

교사 너희 속에 풍성히 거하여

학생 너희 속에 풍성히 거하여

교사

학생 그리스도의 말씀이 너희 속에 풍성히 거하여

교사 그리스도의 말씀이 어디에 있나요?

학생 너희 속에

교사 그리스도의 말씀이 너희 속에서 무엇을 하나요?

학생 거하여

학생들이 개념을 잡으면 이 두 가지 손짓과 질문을 적절히 섞어가며 더 빨리 진행한다. 때때로 말씀과 상관없는 엉뚱한 질문을 중간에 섞어보기도 한다.

누가 성경 구절을 가장 먼저 암송하는지 보기 위해서 둘씩 짝을 지어 암송을 계속하게 한다. 한 학생이 말씀을 읽어가면서 손짓과 질문을 하고 다른 학생은 이에 대답을 하면서 암송한다. 이제 교대하며 다시 암송한다. 그 다음에 학급 전체가 말씀 전체를 다시 한 번 암송한다.

성경 구절을 암송하는 두 번째 방법은 '기록하기'(Write it down)이다. 선택한 성경 구절을 칠판에 크게 적어 모든 학생이 볼 수 있게 한다. 학생 각자는 이 말씀을 보면서 종이 위에 쓰도록 한다. 다음에는 적은 종이를 뒤집어서 보지 않고 써보도록 한다. 틀린 부분을 고치고 빠진 부분을 채워 넣으면서 이 과정을 되풀이하여 보지 않고도 성경 구절 전체를 쓸 수 있을 때까지 반복하게 한다.

암송 구절의 각 어구(語句) 첫 글자를 적게 하면서 다시 한 번 암송 한다. 암송 구절이 한 문장 이상이거나 여러 구절로 되어 있는 경우에 는 적당한 구절별로 줄을 바꿔가며 적는다.

골로새서 3장 16절을 예를 들면 아래와 같다.

그(리스도의) 말(씀이)	너(희)	속(에)	풍(성히)	거(하여)
모(든) 지(혜로)	피(차)	가(르치며)	권(면하고)	
시(와) 찬(송과)	신(령한)	노(래를)	부(르며)	
감(사하는) 매(음으로)	하(나님을)	찬(양하고) 골 3:16		

또한 암송 구절의 말씀 중 일부 단어를 생략한 상태로 적어서 보여 주며 학생들로 하여금 생략된 부분을 채워 넣어가며 읽도록 한다. 그 다음에는 생략한 부분을 점점 더 많게 하면서 이를 반복한다.

예를 들면 다음과 같다.

골로새서 3장 16절, 그리스도의 □□□ 너희 속에 풍성히 □□□ 모든 지혜로 피차 □□□□ 권면하고 시와 찬송과 신령한 □□□ 부르며 □□□□ 마음으로 하나님을 찬양하고 골로새서 3장 16절

골로새서 3장 16절, 그리스도의 (   ) 너희 (   ) 풍성히 (   ) 모든 (   ) 로 피차 (   ) 권면하고 시와 (   ) 신령한 (   ) 부르며 (   ) 마음으로 하나님을 (   ) 하고 골로새서 3장 16절

골로새서   _장 _절, _____

_____

_____ 골로새서   _장 _절

학생들이 모두 외웠다고 생각되면 전체를 생략하고 암송하게 한다.

골로새서 3장 16절 말씀을 다 외운 학생은 앞으로 나와 화이트보드에 보지 않고 성경 구절 전체를 적어보게 한다.

학생들이 성경 구절을 잘 외울 수 있도록 하는 방법 가운데 암송 구절 카드를 만들 수 있다. 카드 한 면에는 성경 말씀을 적고 다른 한 면에는 성경 이름과 장과 절을 적은 다음, 이를 가지고 다니면서 시간이 날 때마다 암송하도록 한다.

화장실 벽면이나 책상 앞, 지갑 등 자신이 자주 보는 곳에 성경 구절을 적은 종이를 붙여놓거나 가지고 다니면서 그것을 볼 때마다 소리 내어 읽거나 외워보는 방법도 있다.

교사는 학생들이 성경 말씀을 암송하는 데 그치는 것이 아니라 암송한 말씀이 그들의 심령을 충만하게 하고 삶을 변화시키도록 기도해야 한다. 교사가 학생들에게 골로새서 3장 16절 말씀을 외우게 했다면, 하나님의 말씀이 마음속에 풍성히 거하도록 하라는 명령에 학생들이 순종할 수 있도록 하나님의 도우심을 구하는 기도를 드려야 하며, 학생들 스스로도 이를 하나님께 구하도록 가르쳐야 한다.

몸짓으로 표현하기(Act it out)

성경 말씀을 암송하는 세 번째 방법으로 말씀을 몸짓으로 표현해보면 좀 더 쉽고 재미있게 말씀을 암송할 수 있다.

교사는 먼저 학생들에게 율동하며 찬양할 수 있는 곡을 얼마나 알고 있는지 물어본다. 학생들이 대답한 찬양 가운데 한 곡을 율동과 함께 학급 전체가 불러본다.

율동을 마친 다음에는 "찬양뿐만 아니라 율동으로 함께 하나님께 영광을 돌리니 멋지지 않아요?"라고 말하며, 지난 몇 년 동안 이 율동 찬양을 해보지 않은 학생이 몇 명이나 되는지 알아본다.

대부분의 학생들이 찬양을 부르며 율동을 했을 때 잘 따라했음에도 학생들 가운데 꽤 여러 명이 이 율동 찬양을 오랫동안 해보지 않았을 것이다. 학생들은 어린 시절 찬양과 함께 배운 율동을 지금까지 잘 기억하고 있는 것이다. 이는 말씀 암송에 동작을 함께하면 얼마나 많은 도움이 되는지를 잘 보여준다.

이제 하나의 성경 구절을 정해서 이를 잘 표현할 수 있는 동작을 학생들과 함께 생각하여 창작해보자. 다음 페이지의 그림은 스바냐서 3장 17절로 동작을 만들어본 것이다.

너의 하나님 여호와가
너의 가운데에 계시니

그는 구원을 베푸실

전능자이시라

그가 너로 말미암아

기쁨을 이기지 못하시며

너를 잠잠히

사랑하시며

너로 말미암아 즐거이 부르며

기뻐하시리라 하리라
(습 3:17)

하나님께 기도하기 (Pray it back)

.

성경 말씀을 암송하는 일은 장기간의 수고와 고도의 끈기를 요하는 귀한 과업이다. 따라서 주일학교 교사는 학생들이 암송을 유지할 수 있는 능력과 극기심을 주시는 성령님을 의지하고, 이를 위해 기도하도록 그들을 가르쳐야 한다. 암송할 성경 말씀으로 세 가지 기도문을 만들 수 있는데, 이를 '감자도 기도문'이라 부른다.

하나님, 감사합니다.   하나님, 자백합니다.   하나님, 도와주세요.

감자도 기도문은 이 세 가지 문장으로 기도를 하는 것이다. 감자도 기도문는 학생 각각뿐만 아니라 소그룹별로 만들게 할 수 있다. 골로새서 3장 16절 말씀을 바탕으로 감자도 기도문을 만들면 다음과 같다.

하나님, 그리스도의 말씀이 제 마음속에 풍성히 거하도록 해주셔서 감사합니다.
하나님, 그리스도의 말씀이 제 마음속에 풍성히 거하지 못했음을 자백합니다.
하나님, 그리스도의 말씀이 제 마음속에 풍성히 거할 수 있도록 도와주세요.

곰곰이 뜻을 생각하기(Ponder)

성경 말씀을 암송하는 네 가지 방법인 SWAP에 P를 두 가지 더 첨가할 수 있는데, 그것은 곰곰이 뜻을 생각하기(Ponder)와 시각화하기(Picture)이다.

학생들에게 어떤 구절을 암기하도록 한 다음에는 그 구절 안에 있는 단어들을 차례대로 강조하면서 여러 번 읽도록 시켜라. 예를 들어, 골로새서 3장 16절의 "그리스도의 말씀이 너희 속에 풍성히 거하여"라는 말씀을 암송했다면 다음과 같이 강조점에 변화를 주면서 암송할 수 있다.

그리스도의 말씀이 너희 속에 풍성히 거하여

그리스도의 **말씀이** 너희 속에 풍성히 거하여

그리스도의 말씀이 **너희 속에** 풍성히 거하여

그리스도의 말씀이 너희 속에 **풍성히 거하여**

강조해서 읽은 단어의 의미나 중요성에 대하여 간단하게 토론한다. 인물, 장소 등과 같은 성경에 나오는 용어는 성경사전을 찾아보면 이해하는 데 도움이 된다. 국어사전 역시 친숙하지 않은 어휘를 이해하는 데 도움이 된다.

성구사전에는 성경에 나오는 모든 어휘에 대하여 그 원어의 뜻이 함께 설명되어 있다. 또한 특정 단어나 문단을 문맥상에서 이해하려면 주석서를 참고할 수도 있다.

교사는 학생들에게 성경사전에서 골로새서와 골로새서 기자에 대한 설명을 찾아보게 한다. 또한 그 당시 역사적 배경을 살펴보며 골로새서에 대한 이해를 돕는다. 그 다음 골로새서 말씀을 처음부터 끝까지 다시 한 번 읽도록 하여 다음의 질문에 대해 학생 모두가 답을 찾아보게 한다.

- 이 책의 독자(수신자)는 누구인가?
- 이 책의 기자가 전하고자 하는 메시지는 무엇인가?
- 이 편지를 처음 읽은 최초의 독자는 어떤 느낌을 받았을까?
- 골로새서 3장 16절의 앞뒤 구절들은 우리가 3장 16절을 이해하는 데 어떤 도움이 되는가?
- 골로새서 3장 16절에서 특별히 격려가 되는 부분은 어디인가?

주일학교 교사가 학생들에게 성경 말씀을 암송하도록 가르치는 또 다른 방법으로 암송하는 말씀에 나오는 단어나 구절로 낙서를 하게 하는 방법이 있다.

예를 들어 스바냐서 3장 17절을 통해 낙서를 하도록 해보자.

너의 하나님 여호와가 너의 가운데에 계시니 그는 구원을 베푸실 전능자이시라

습 3:17

너의 하나님 여호와가 너의 가운데에 계시니

그는 구원을 베푸실

전능자이시라

이런 방법을 사용하면 교사는 성경 말씀에 대한 학생의 이해도를 쉽게 파악할 수 있고, 학생은 자신이 직접 손으로 말씀을 시각화해보았기 때문에 더 쉽게 말씀을 외울 수 있다.

무슨 일이든 혼자보다는 함께가 유익하다. 이는 성경 말씀을 암송하는 데도 적용된다.

학생들에게 전도서 4장 9-12절을 함께 읽도록 한다.

> 두 사람이 한 사람보다 나음은 그들이 수고함으로 좋은 상을 얻을 것임이라 혹시 그들이 넘어지면 하나가 그 동무를 붙들어 일으키려니와 홀로 있어 넘어지고 붙들어 일으킬 자가 없는 자에게는 화가 있으리라 또 두 사람이 함께 누우면 따뜻하거니와 한 사람이면 어찌 따뜻하랴 한 사람이면 패하겠거니와 두 사람이면 맞설 수 있나니 세 겹 줄은 쉽게 끊어지지 아니하느니라 전 4:9-12

자유로운 토론을 통해 "백지장도 맞들면 낫다"라는 속담에 해당하는 사례들을 찾아보게 한다. 그런 다음 이번 한 주 암송할 성경 구절을 정하고, 짝과 서로 도와가며 이 목표대로 암송할 것을 약속하도록 한다. 짝과 함께 더 효율적으로 암송할 수 있는 여러 창의적인 방법들을 고안해내며 서로 격려하고 한 주 동안 중보기도를 한다. 자유로운 시간에 짝과 서로 전화 통화를 하거나 만나서 그때까지 암송한 성경 구절을 확인하며 서로를 독려한다.

고학년의 경우 더 많은 구절을 암송하도록 동기부여를 할 필요가 있을 때는 학생들의 학습 정도를 살펴가면서 암송 구절을 늘리도록 한다.

때때로 학생들에게 "현재 하고 있는 일에 대해서 왜 그렇게 말하거나 행동하는지 생각해본 적이 있나요?" 또는 "하나님이 원하시는 것을 점점 더 무의식적으로도 할 수 있게 되기를 바라나요?"와 같은 질문을 던져보자.

학생들이 하나님의 말씀을 정기적으로 읽고 체계적으로 암송하며 묵상할 때 이와 같은 질문을 받으면 그들의 삶을 재정비하는 데 매우 유익하다. 하나님의 말씀은 우리 마음의 컴퓨터에서 잘못된 프로그램을 수정하여 제대로 작동하도록 우리를 변화시키는 능력이 있다.

또한 고학년의 경우 암송하는 과정에서 자신의 능력에 대해 실망할 수 있다. 이때 교사는 암송하는 것을 방해하는 세 가지, '자만심'과 '동기 부족'과 '불신앙의 악한 마음'에 대해 설명해줘야 한다. 여기서 불신앙이란 우리가 암송할 수 있도록 도와주시는 하나님의 능력을 믿지 않는 것을 말한다. 우리의 지능은 암송을 하는 데 문제가 되지 않는다. 스스로 옷을 입고 스스로 먹을 수 있는 지능만 있으면 말씀을 암송하라는 하나님의 명령에 순종할 수 있다고 안심시켜준다.

기억은 반복하지 않으면 지워진다. 만일 한 구절을 21일 동안 매일 외우면 그 말씀을 술술 말할 수 있을 것이다. "내게 능력 주시는 자 안에서 내가 모든 것을 할 수 있느니라", 빌립보서 4장 13절을 함께 읽거나 암송하며 학생들을 격려해보자.

이상에서 제시한 암송 방법들 중에서 매주 한 가지씩만 사용한다면 지루하게 반복하지 않으면서도 같은 구절을 일곱 가지 방법으로 반복 학습할 수 있다.

주일학교 교사는 특정 날짜까지 암송할 분량을 정하여 성경 암송 계획을 수립하고 목표를 작은 단위로 나눈다. 예를 들어 10주 동안 구원에 관련된 열 가지 구절을 공부한다면 매주 한 개씩 암송하도록 가르친다. 빌립보서처럼 짧은 성경은 일주일에 두 절씩 외울 경우 일 년에 전체를 외울 수 있다. 말씀을 암송할 때는 절을 나타내는 숫자는 빼고 연속해서 암송한다.

대부분의 학생들은 일주일에 한두 절은 외우기에도 쉽고 꾸준히 할 수 있다고 생각한다. 하나님께서 여러분의 학급에서 얼마나 많은 분량의 성경 말씀을 암송하길 원하시는지 보여주시도록 기도하라. 학생들이 말씀으로 교훈을 받고 또 그 말씀을 기억할 수 있도록 매일 성령님께 의탁하게 한다.

✝ 교사는 가르치기만 하는 사람이 아니라 진리를 나누어주고 검사하는 사람이다. 학생이 배울 때까지는 다 가르친 것이 아니다. 만일 배울 만한 가치가 있는 것이라면 당장 그것을 함께 공부해야 한다.

성경 말씀은 우리 발에 등이요 우리 길에 빛이다(시 119:105). 이러한 말씀을 학생들에게 암송하도록 교육하는 것이야말로 성경 특급교사가 해야 할 일이다.

성경 이야기 위를 날도록 가르치기

08

상상

예수님의 열두 제자 이름이나 십계명처럼 성경에 나오는 목록들을 학생들에게 외우게 해본 적이 있는가? 학생들이 이런 목록들을 잊어버리지 않도록 암기하게 하는 것이 가능하다.

이와 같은 목록들은 순서대로 기억하거나 순서와 관계없이 기억할 수 있다. 예를 들어 마음에 그림을 그리면서 십계명 목록을 외우면 제5계명이 무엇인지, 간음에 대해 말하고 있는 계명은 몇 번째인지를 묻는 질문에 쉽게 대답할 수 있다.

성경 목록, 한 학기 동안 배울 주요 내용, 성경책별 주제 등과 같은 목록을 외우는 데 이번 장에서 제시하는 방법들을 활용해보자.

학생들이 십계명을 순서대로 쉽게 외우도록 하는 방법은 무엇일까?

십계명의 각 내용에 맞는 이미지를 상상함으로써 목록을 외울 수 있다.

십계명의 내용에 맞는 그림을 학생들에게 보여주고, 이를 보면 어떠

한 내용이 떠오르는지 서로 나누게 한다. 그런 다음 하나님께서 가르쳐주신 십계명에 대해 다시 한 번 공부하는 시간을 가진다.

성경에 기록되어 있는 십계명의 내용은 다음과 같다.

① 너는 나 외에는 다른 신들을 네게 두지 말라.

② 너를 위하여 새긴 우상을 만들지 말고, 또 위로 하늘에 있는 것이나 아래로 있는 것이나 땅 아래 물속에 있는 것의 어떤 형상도 만들지 말며, 그것들에게 절하지 말며, 그것들을 섬기지 말라.

③ 너는 네 하나님 여호와의 이름을 망령되게 부르지 말라.

④ 안식일을 기억하여 거룩히 지키라.

⑤ 네 부모를 공경하라.

⑥ 살인하지 말라.

⑦ 간음하지 말라.

⑧ 도둑질하지 말라.

⑨ 네 이웃에 대하여 거짓 증거하지 말라.

⑩ 네 이웃의 집을 탐내지 말라.

이제 학생들에게 앞 그림을 보지 않고 십계명을 순서대로 설명하게 한다. 짝을 짓거나 소그룹으로 연습해보게 하여 모든 학생들이 십계명을 완벽하게 외울 수 있도록 가르친다.

목록들을 외우게 하는 또 다른 방법으로 기억을 점차적으로 쌓아올리게 하는 방법이 있다.

학생들에게 이 그림을 전체 영상으로 보여주거나 복사해서 나누어 준 다음 짝에게 자신들이 본 것에 대해 설명하게 한다.

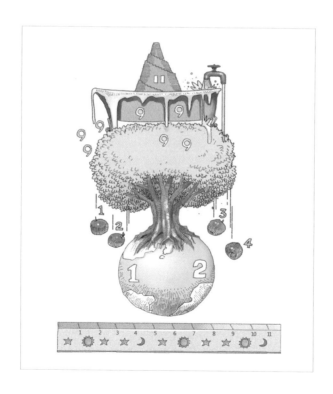

그 후 다음의 질문을 하면서 다시 한 번 복습한다. 학생들에게 그림을 꼼꼼히 살펴보고 자신들이 본 것에 대하여 대답하도록 해보자.

- 맨 아래에 있는 자의 눈금은 몇 개인가? 11개
- 자의 눈금 아래에 있는 그림은 무엇인가? 해, 달, 별
- 그렇다면 이 자를 '우주적 자'라고 부를 수 있겠는가? 있다
- 자 위에 있는 지구는 몇 개의 반구로 그려져 있는가? 2개
- 나무에서 떨어지는 사과가 몇 개인가? 4개
- 욕조에서는 어떤 일이 벌어지고 있는가? 물이 넘쳐흐르고 있다
- 물방울들의 모양은 어떤 숫자인가? 9
- 욕조 위에 떠 있는 탑의 창문은 어떤 숫자와 모양이 비슷한가? 11
- 각각의 그림이 상징하는 것은 무엇이라고 생각하는가?

그런데 이 답에는 다음과 같은 뜻이 있다. 먼저 이 그림 전체는 창세기 1-11장까지를 보여준다.

- 맨 아래에 있는 자의 눈금 11개는 창세기 11장까지를 의미한다.
- 자의 눈금 아래에 있는 해, 달, 별은 하나님께서 만드신 피조물을 의미한다.
- 이 자는 '우주적 자'라고 말할 수 있으며, 창세기 1-11장은 모든 피조물에 대한 하나님의 우주적 통치를 말해주고 있다.

- 자 위에 있는 지구는 2개의 반구로 그려져 있으며, 이는 창조에 대한 이야기가 창세기 2장에 나오는 것을 암시한다.
- 나무에서 떨어지는 사과 4개는 창세기 4장까지 인간의 타락을 다루고 있음을 뜻한다.
- 욕조에서 흘러넘치는 물은 대홍수 사건을 뜻한다.
- 떨어지는 물방울들이 숫자 9 모양인 것은 대홍수 사건이 9장에 기록되어 있음을 보여준다.
- 욕조 위 탑에 있는 2개의 창문 모양은 숫자 11과 비슷하며, 이는 창세기 11장에 바벨탑 사건이 기록되어 있음을 보여준다.
- 각각의 그림은 창세기의 사건을, 그림 속에 숨겨져 있는 숫자들은 그 사건을 기록하고 있는 창세기의 마지막 장을 의미한다. 즉 하나님의 우주적 통치는 창세기 1-11장, 하나님의 창조는 1-2장, 인간의 타락은 3-4장, 대홍수 사건은 5-9장, 바벨탑 사건은 10-11장이다.

이렇게 하면 학생들은 자신들이 설명한 것을 더 잘 기억하게 된다. 나중에는 마치 전면 벽이나 스크린에 이 그림이 있는 것처럼 연상하면서 앞의 질문을 다시 한다.

이 방법은 학생들이 상상력을 동원한 만큼 효과가 있다. 기억 쌓아 올리기 방법으로 목록을 외우는 데 반드시 그림을 보여줄 필요는 없다.

〈너 시온아 이 소식 전파하라〉(새찬송가 501장)를 개사하면 위의 '창세기 기억 쌓아 올리기' 그림과 동일한 정보를 기억할 수 있다.

창세기 요약가

테리 홀 작사
밝지만 위엄 있게

제임스 월치 작곡, 1875

창 세기의 기 록을읽어 보라 하 나님의 우 주적통치와

인 간타 락 바 벨탑사건 있네 대 홍수사 건 찾을수있네

(후렴)

네사건 들은 각 두장 씩 대 홍수사 건은 네장기 록해 아 멘

당신과 당신의 학생들은 구약성경 39권의 이름을 순서대로 말할 수 있는가? 그럴 수 없다면 다음의 표를 가지고 모두 외울 수 있을 때까지 소리 내어 연습해보도록 하자. 다음과 같은 표를 두 장 만들되 하나는 빈칸으로 만들어서 학생들이 이를 보면서 외우도록 한다. 5권, 9권, 3

구약성경

오경	시가서	대선지서
창세기	욥기	이사야서
출애굽기	시편	예레미야서
레위기	잠언	예레미야애가
민수기	전도서	에스겔서
신명기	아가서	다니엘서

역사서		소선지서
여호수아서		호세아서
사사기		요엘서
룻기		아모스서
사무엘상		오바댜서
사무엘하		요나서
열왕기상	바벨론 포로 이전	미가서
열왕기하		나훔서
역대상		하박국서
역대하		스바냐서

에스라서		학개서
느헤미야서	바벨론 포로 이후	스가랴서
에스더서		말라기서

권씩 따로 외운 다음에 이를 합쳐서 함께 외우면 쉽게 될 것이다.

또한 성경 목록을 노래로 만들어 부르면 쉽게 외울 수 있다. 다음은 우리의 신앙 선배들이 널리 알려진 곡조에 가사를 붙여서 성경 66권을 쉽게 외울 수 있도록 한 악보이다. 곡조가 단순하기 때문에 몇 번만 따라 부르면 금세 익힐 수 있다.

물론 성경을 보면 맨 앞장에 목차도 있고, 책의 옆면을 옴폭 파서 찾고자 하는 부분을 쉽게 찾도록 도와주는 색인도 있다. 그러나 성경 목록을 암기하면 원하는 성경의 각 권을 더 빨리 찾을 수 있다.

구약성경

오경	시가서	대선지서

역사서		소선지서
	바벨론 포로 이전	
	바벨론 포로 이후	

성경 목록가

1. 창 세 기 출애굽기 레 - 위 - 기   민 수 기 신명기 여 호 수 아
2. 에 스 라 느헤미야 에 - 스 - 더   욥 가 - 시 편 잠 언전 도
3. 다 니 엘 호 - 세 아 요엘 아모 스   오 - 바 댜 요 나미 가
4. 마 태 - 마 - 가 - 누 - 가요 한   사 도 - 행전 로 마 - 서
5. 데살로니 가 전 후 디모 데 전 서   디 모 데 후 서 디 도 빌 레 몬
6. 이 책의 이 름 은 생명 책 이 니   구 약이 삼십구 신약 이십 칠

사 사기 룻 기 - 사 무엘상 하   열 왕기 상 하 -   역 대상 하
아 가 - 이 사 야 예 - 레미 야   예 레 미 야 애 가 -   에 스 - 겔
나 훔 - 하 박국 스 - 바 - 냐   학 개 - 스 가 랴   말 라 - 기
고 린도 전 후서 갈 - 라 디 아   에 베 소 빌 립 보   골 로 - 새
히 브 리 야 고 보 베 드 로전 후   요 한 - 일 이삼 서   유 다 계 시 록
이 책의 권 수 를 모두 합하 니   생 명 의 양 식 이   육십 육 이 라

우리가 알고 있는 성경 목록뿐 아니라 성경에 나오는 명칭이나 사건, 성경 공부법 등을 목록화하여 쉽게 외울 수 있다. 다음은 말씀 암송 방법을 기억하라(REMEMBER)라는 영어 단어로 정리해 목록화한 것이다.

Reach for a definite goal	목표를 정확히 설정하라
Expect God's help	하나님의 도우심을 기대하라
Make cards for review	복습카드를 만들어라
Emphasize the meaning	의미를 강조하라
Meditate on Scripture	말씀을 묵상하라
Beware of mental garbage	영적 쓰레기를 조심하라
Enlist help	도움을 구하라
Seview, review, review	복습, 복습, 또 복습하라

다음 페이지는 예수님을 영어 알파벳 순서로 표현한 목록이다.

✝ 이처럼 어떤 목록을 암기하거나 그것을 목록화하는 데 연상을 활용해 가르친다면 학생들이 성경을 더욱 체계적으로 정리할 수 있다.

영어 알파벳으로 예수님 표현하기

A lpha	알파	계 21:6
B read of Life	생명의 떡	요 6:35
C arpenter	목수	막 6:3
D oor	문	요 10:2
E ternal Father	영존하시는 아버지	사 9:6
F aithful One	충신	계 19:11
G ood Shepherd	선한 목자	요 10:11
H oly One of God	하나님의 거룩한 자	눅 4:34
I mmanuel	임마누엘	마 1:23
J esus	예수	눅 1: 31
K ing of the Jews	유대인의 왕	마 27:37
L ight of the World	세상의 빛	요 9:5
M essiah	메시아	요 4:25
N azarene	나사렛 사람	마 2:23
O mega	오메가	계 21:6
P rince of Peace	평강의 왕	사 9:6
Q uickener	살리는 분	엡 2:1
R esurrection	부활	요 11:25
S avior	구주	눅 2:11
T ruth	진리	요 14:6
U nblemished Lamb	흠 없는 어린 양	벧전 1:19
V ine	포도나무	요 15:1
W ord	말씀	요 1:1
X	'그리스도'의 약자, 헬라어로 그리스도의 첫 글자	
Y esterday the same	어제도 동일하신 분	히 13:8
Z	오메가와 마찬가지로 알파벳의 끝 글자	

나타내도록 가르치는 법

09
적용

계시는 응답을 요구한다. 하나님의 말씀은 그저 우리의 호기심을 채우기 위해 주어진 것이 아니라 우리의 삶을 바꾸기 위해서 주어졌다. 우리가 하나님의 말씀에 삶으로 응답하는 것을 목표로 세우면 그 목표를 이루는 일이 더욱 쉬울 것이다.

주일학교 교사들은 학생들이 말씀을 지식적으로 아는 데만 그쳐 영적 소화불량이 걸리게 해서는 안 된다. 우리의 지(知), 정(情), 의(義) 이 세 가지 영역에서 하나님의 말씀이 역사할 때 우리의 삶에 변화가 일어난다. 학생들이 오늘 말씀을 통해 무엇을 알게 되었고 무엇을 느꼈으며 또한 무엇을 하기로 결심했는지 교사인 자기 스스로에게 물어보라. 학생들에게 변화가 없으면 안 된다. 학생들을 지금 모습에서 인생의 새로운 목표를 향해 나아가는 모습으로 인도하는 교사가 되도록 하자.

다음 글을 모든 학생에게 보여주거나 복사해 나누어주고 다 같이 여러 번 큰 소리로 읽게 한다.

우리는 성경 말씀을 **읽는 데** 그치지 않고 말씀을 따라 산다.

'읽기' 대신에 '공부하기', '외우기', '듣기'로 바꿀 수도 있다.

우리는 성경 말씀을 **공부하는 데** 그치지 않고 말씀을 따라 산다.
우리는 성경 말씀을 **외우는 데** 그치지 않고 말씀을 따라 산다.
우리는 성경 말씀을 **듣는 데** 그치지 않고 말씀을 따라 산다.

읽을 때마다 점점 더 강조하면서 소리를 높이도록 한다. 학생들을 둘로 나누어 어느 편의 소리가 더 큰지 경쟁하도록 한다. 그러면 이 중요한 말을 잊지 않게 될 것이다.

다음에 제시하는 몇 가지는 하나님께서 우리에게 기대하시는 것이 무엇인지 아는 데 도움이 되는 방법들로 학생이나 교사 모두에게 유익할 것이다.

분류하기

하나님의 말씀을 개인적으로 어떻게 적용할지 아는 데 중요한 방법 중 하나가 '하나님의 일'과 '나의 할 일'을 구분하는 것이다.

종이 위에 두 개의 직선을 세로로 그어 세 부분으로 나눈다. 왼쪽 칸에는 '하나님의 일', 가운데는 '나의 할 일', 오른쪽 칸에는 '결과'라고 제목을 적는다.

성경 말씀에서 몇 개의 구절을 골라 학생들에게 알려주고 각 절의 말씀을 이 세 가지로 분류하여 적도록 한다. 모든 말씀이 이와 같이 세 가지로 나누어지는 것은 아니므로 모든 칸을 채워야 하는 것은 아니다.

하나님이 세상을 이처럼 사랑하사 독생자를 주셨으니 이는 그를 믿는 자마다 멸망하지 않고 영생을 얻게 하려 하심이라 요 3:16

하나님의 일	나의 할 일	결과
• 세상을 사랑하심 • 독생자를 내어주심	• 하나님의 아들을 믿음	• 멸망하지 않음

영생을 얻음갓난아기들 같이 순전하고 신령한 젖을 사모하라 이는 그로 말미암아 너희로 구원에 이르도록 자라게 하려 함이라 벧전 2:2

하나님의 일	나의 할 일	결과
• 세상을 사랑하심 • 독생자를 내어주심	• 신령한 젖, 곧 말씀을 사모함	• 구원에 이르도록 자람

오직 여호와의 율법을 즐거워하여 그의 율법을 주야로 묵상하는도다 그는 시냇가에 심은 나무가 철을 따라 열매를 맺으며 그 잎사귀가 마르지 아니함 같으니 그가 하는 모든 일이 다 형통하리로다 시 1:2,3

하나님의 일	나의 할 일	결과
	• 주의 율법을 즐거워함 • 주의 율법을 주야로 묵상함	• 시냇가에 심은 나무같이 튼튼해짐 • 철을 따라 열매를 맺음 • 나뭇잎이 마르지 않음 • 하는 모든 일이 다 형통함

　성경 말씀을 학생들 개인의 삶에 더욱 구체적으로 적용시키기 위해 학생들 각자에게 자신의 책임과 관련된 실행 계획을 한 가지씩 써보도록 한다. 계획을 세우면 이를 달성하기 위한 구체적 행동 목표를 두세 단계로 적도록 한다. 예를 들어 로마서 12장 11절 말씀을 목표로 삼으면 이를 달성하기 위한 구체적 행동을 다음과 같은 단계로 실행할 수 있다.

부지런하여 게으르지 말고 열심을 품고 주를 섬기라 롬 12:11

- 성경 말씀을 매일 2장씩 읽는다.
- 매일 성령님의 지혜를 구하는 기도를 드리고 말씀을 2장씩 읽는다.
- 매일 말씀을 2장씩 읽고 주님을 섬기는 일에 더욱 힘쓴다.

위와 같이 세 부분으로 분류하여 적은 내용을 가지고 학생들 서로가 기도하는 데 활용하도록 한다. 우리가 정한 구체적 실행 계획을 달성할 수 있도록 하나님의 도움을 구하고, 그 결과 및 과정 가운데 하나님께서 역사하여 주심에 감사드린다.

  자신이 암송하고 있는 말씀으로 기도할 때 말씀의 개인화를 잘할 수 있지만 그 성경 말씀을 1인칭 형태의 기도문으로 다시 써보는 것도 성경 말씀을 개인의 삶에 적용시킬 수 있는 좋은 방법이다. 하나님의 말씀을 개인 기도문으로 다시 써보면 하나님의 진리를 바로 우리의 삶에 적용할 수 있기 때문이다.

  성경의 어떠한 말씀도 그 구절을 주신 하나님께 감사하며 그 내용을 자신의 삶에 적용시켜 주님께 읽어드리면 훌륭한 기도문이 될 수 있다.

  다음은 야고보서 1장 1-8절을 1인칭 형태의 기도문으로 써본 것이다.

하나님과 주 예수 그리스도의 종 야고보는 흩어져 있는 열두 지파에게 문안하노라 내 형제들아 너희가 여러 가지 시험을 당하거든 온전히 기쁘게 여기라 이는 너희 믿음의 시련이 인내를 만들어내는 줄 너희가 앎이라 인내를 온전히 이루라 이는 너희로 온전하고 구비하여 조금도 부족함이 없게 하려 함이라 너희 중에 누구든지 지혜가 부족하거든 모든 사람에게 후히 주시고 꾸짖지 아니하시는 하나님께 구하라 그리하면 주시리라 오직 믿음으로 구하고 조금도 의심하지 말라 의심하는 자는 마치 바람에 밀려 요동하는 바다 물결 같으니 이런 사람은 무엇이든지 주께 얻기를 생각하지 말라 두 마음을 품어 모든 일에 정함이 없는 자로다 약 1:1-8

나의 기도문

하나님 아버지, 야고보가 주 예수 그리스도뿐 아니라

당신의 종이었음에 감사드립니다.

야고보를 들어서 열방에 흩어진 열두 지파에게

안부를 전하심에도 감사드립니다.

주님, 저도 당신의 종들 중의 하나로 알려지기 원합니다.

저도 다른 사람들에게 복음을 전할 수 있도록 도와주시기 원합니다.

제가 여러 가지 시험을 겪을 때 온전히 기쁨으로

여길 수 있도록 도와주십시오.

그러한 때가 나의 믿음의 시험으로

인내심이 성장하는 때임을 알게 되도록 도와주십시오.

인내심으로 제가 성숙하고 완전한 사람이 되어

조금도 부족함이 없게 되도록 도와주실 것을 간절히 구합니다.

사랑하는 하나님 아버지, 저의 지혜가 부족할 때

당신에게 구하는 것을 잊지 않게 하여주십시오.

꾸짖지 아니하시고 후하게 주시는 하나님께 감사드립니다.

제가 문제를 만나 무슨 결정을 해야 할 때 먼저 당신의 도우심과 지혜를

믿음으로 구하면서 조금도 의심하지 않도록 해주시길 바랍니다.

제가 바람에 밀리는 바다 물결같이

이리저리 움직이는 자가 되지 않기를 원합니다.

아버지께 구한 것은 다 받을 줄로 믿고 감사합니다.

두 마음을 품어 제가 하는 일에 방향을 못 잡고 헤매는

자가 되지 않도록 도와주십시오.

예수님의 이름으로 간절히 기도합니다. 아멘.

1장에서 설명한 것처럼 우리가 성경 공부를 할 때 버려야 할 죄, 힘껏 주장해야 할 약속, 따라야 할 모범, 순종해야 할 명령, 피해야 할 걸림돌 등 이 다섯 가지에 대한 질문을 하면 우리의 태도와 행동을 하나님 말씀의 관점에 비추어볼 수 있다.

학생들에게 성경 말씀을 읽으면서 이 다섯 가지에 맞추어 내용을 정리하게 하자. 빌립보서 4장 4-9절을 이와 같이 정리해보면 다음과 같다.

주 안에서 항상 기뻐하라 내가 다시 말하노니 기뻐하라 너희 관용을 모든 사람에게 알게 하라 주께서 가까우시니라 아무것도 염려하지 말고 다만 모든 일에 기도와 간구로, 너희 구할 것을 감사함으로 하나님께 아뢰라 그리하면 모든 지각에 뛰어난 하나님의 평강이 그리스도 예수 안에서 너희 마음과 생각을 지키시리라 끝으로 형제들아 무엇에든지 참되며 무엇에든지 경건하며 무엇에든지 옳으며 무엇에든지 정결하며 무엇에든지 사랑 받을 만하며 무엇에든지 칭찬 받을 만하며 무슨 덕이 있든지 무슨 기림이 있든지 이것들을 생각하라 너희는 내게 배우고 받고 듣고 본 바를 행하라 그리하면 평강의 하나님이 너희와 함께 계시리라 빌 4:4-9

버려야 할 죄

죄는 주님의 마음을 상하게 하는 태도나 행동으로, 이는 용서받아야 만 하는 것들이다. 성경에는 우리가 버려야 할 죄에 대해 알려주는 구절이 있다. 그러나 빌립보서 4장 4-9절에는 버려야 할 죄가 직접적으로 언급되고 있지 않다(모든 성경 말씀을 위의 다섯 가지로 정리할 수 있지는 않다).

주장해야 할 약속

성경 말씀에는 하나님께 요구하여 받을 수 있는 확신이나 유익과 같은 것들이 나와 있지만 여기에는 때때로 조건이 부과되기도 한다.

빌립보서 4장 4-9절에 우리가 주장해야 할 약속이 있는지 살펴보자.

주님은 가까이 계시다(5절)

모든 지각에 뛰어난 하나님의 평강이 그리스도 예수 안에서 우리 마음
과 생각을 지킬 것이다(7절)

평강의 하나님이 우리와 함께할 것이다(9절)

그러나 이러한 성경 구절 앞뒤에는 "아무것도 염려하지 말고 기도와 간구로 구할 것을 하나님께 감사함으로 고백하라"(6절)는 말씀이 있음을 기억해야 한다.

따라야 할 모범

성경 말씀에는 우리가 본받아야 하는 좋은 태도나 행동에 대해 설명한다. 빌립보서 4장 4-9절은 이 말씀의 기자인 사도 바울의 예를 본받아 긍정적인 견해를 가지라고 말한다.

순종해야 할 명령

순종할 명령은 하나님이 지시하시는 일로써 우리가 순종해야 하는 것을 말한다. 빌립보서 4장 4-9절에는 다음과 같은 명령이 있다.

주 안에서 항상 기뻐하라(4절)

너희 관용을 모든 사람에게 알게 하라(5절)

너희 구할 것을 하나님께 아뢰라(6절)

참되고 경건한 것들을 생각하라(8절)

자신(바울)으로부터 배운 것을 실행하라(9절)

피해야 할 걸림돌

하나님께서 우리에게 피하라고 하시는 것들이 성경에 나온다. 여기서는 "아무것도 염려하지 말라"(6절)는 말씀 속에 있는 '염려'가 우리가 피해야 할 것이다.

O─X 퀴즈

하나님 말씀을 '나에게 직접 관계된 말씀'으로 받아들이기 위한 또 다른 묵상 방법은 자신에게 'O× 퀴즈'를 출제해보는 것이다. 아마도 지금까지 'O× 퀴즈'를 수없이 치러보았겠지만, 스스로에게 출제하기 위해 문제를 만들어본 적은 없을 것이다. 그것도 성경에서 말이다.

'O× 퀴즈'의 항목을 만들기는 그리 어렵지 않다. 그저 당신이 읽고 있는 부분이 당신에게 해당되는지 그렇지 않은지를 묻기만 하면 된다. 야고보서 1장을 예로 들어 몇 가지 문제를 만들어보면 다음과 같다.

- 나는 주 예수 그리스도의 종인가?
- 내가 다른 사람들에게 하나님의 안부를 전한 적이 있는가?
- 내가 시험을 당할 때 이를 온전히 기쁨으로 여기는가?
- 내 믿음의 시련이 인내심이 성장하는 때라는 것을 아는가?
- 나는 인내를 통해서 성숙하고 완전해지고 있는가?
- 내가 지혜가 부족할 때 먼저 하나님께 나아가는가?
- 나는 하나님을 꾸짖지 아니하시고 후하게 주시는 분으로 생각하는가?
- 나는 하나님께 지혜를 구할 때 의심도 하고 믿기도 하면서 구하는가?
- 나는 두 마음을 품어 정함이 없는가?

성경 말씀을 삶에 적용시키는 또 다른 방법으로 학생 각자에게 봉투와 편지지 및 우표를 나누어주고, 이번 학기의 공부가 (또는 특정 성경 말씀이) 자신에게 어떤 의미가 있었는지, 그 결과 자신의 삶에서 어떤 변화가 있기를 원하는지, 그리고 이 새로운 목표를 달성하기 위해서 어떻게 하기로 결심했는지에 대해 자기 자신에게 보내는 편지를 쓰게 한다.

중고등부는 사생활을 확보해주기 위해 흩어져서 쓰거나 따로 시간을 내어 쓰게 할 수도 있다. 편지를 쓸 때 성경이나 공과책 등을 참고하는 것을 장려한다.

수신지로 자기 주소를 쓰고 우표를 붙여서 봉투를 봉한 다음에 편지를 걷는다. 교사가 편지를 엿보지 않을 것임을 분명하게 말해주고 약 6개월 후에 발송한다.

성경 기자에게 감사와 질문을 하며 성경 말씀이 자신의 삶에 어떤 영향을 주었는지를 적는 편지를 작성하게 할 수도 있다.

또는 1장에서 제의한 방법대로 하나님께 편지를 쓰게 할 수도 있다. 하나님께서 말씀을 주신 것과 하나님께서 이미 이루신 것, 지금도 역사하고 계신 것, 또한 장차 이루시기로 약속하신 것에 감사하는 편지를 쓴다. 특히 그리스도인의 삶을 살도록 하나님께서 도와주실 것과 범죄한 것 및 하나님의 말씀에 이르지 못함을 용납하여 주도록 구한다. 학생 각자가 실제로 자신의 편지를 하나님께 보내는(조용히 기도하는) 시간을 갖는다.

함축된 원리 적용하기

이번 주 주일학교 시간에 하나님께서 삶에 대하여 무엇을 가르쳐주셨는지 학생들에게 물어본다. 원리란 '그 이야기의 교훈'과 같은 것으로 이야기에 직접적으로 표현되어 있거나 강하게 함축되어 있을 수 있다.

말씀이 역사적 사건이 될수록 원리는 더욱더 함축적이며, 교조적 사상이 될수록 원리는 분명하게 직접적으로 표현된다.

함축된 원리는 말씀에 잠재적 주제로 녹아 있기 때문에 함축된 원리를 지닌 말씀이 이것이라고 정확하게 찾아낼 수는 없다. 그러나 서로 다른 두세 군데의 말씀에서 분명하게 가르치고 있는 생각을 찾았다면, 이는 함축된 원리를 찾은 훌륭한 근거가 된다. 성경에 있는 관주를 참고하거나 주제별 성경을 찾아보면 도움이 된다.

성경에서 원리를 찾으면 성경 말씀을 보다 현대적으로 의미 있게 읽을 수 있다. 창세기 24장 말씀을 통해서는 이성 교제, 다니엘서 말씀을 통해서는 학습 방법, 욥기서를 통해서는 어려움을 극복하는 방법에 대한 원리를 찾는 연습을 해본다.

보편성은 실생활로 응답하는 것을 회피하기 위한 수단이라고 할 수 있다. 학생들이 이번 주에 더욱 훌륭한 그리스도인이 되겠다고 결심하는 것은 쉬운 일이라 할 수 있겠지만 문제는 과연 어디서부터 시작할 것인가이다. 학생들이 제대로 하고 있다는 것을 어떻게 알 수 있겠는가?

교사는 학생들이 삶에 성경의 진리를 적용하게 되기까지는 제대로 가르쳤다고 생각하지 말아야 한다. 우리의 교육 목표는 학생들이 단지 말씀을 외우거나 성경 본문의 중심 사상을 알게 하는 데 그치는 것이 아니다. 하나님의 말씀을 알게 되었다는 것은 하나님이 자신에게 원하는 것이 무엇인지 구체적으로 알게 되었다는 것으로 나타나야 한다.

기독교교육은 하나님의 역동적인 동역으로 이루어진다. 교사와 함께하는 바로 그 성령님이 모든 주일학교 학생들과 함께하며 또한 믿지 않는 학생들에게는 죄를 깨닫게 한다. 하나님은 위대한 동기부여자이시다. 주일학교 학생들은 자기 안에 내주하는 그 위대한 교사와 함께 세상으로 나아간다.

교사는 수업을 준비하고 기도하며 가르치지만 오직 하나님 한 분만이 학생들의 삶에 변화를 이루게 할 수 있다. 한 주간 동안 학생 한 사람 한 사람을 위하여 기도하고 또한 그들이 변화하여 하나님의 말씀대로 살 수 있도록 동기부여를 해달라고 성령님께 간구하도록 하자. 삶에 변화를 일으키도록 가르치신 주님의 본(本)을 따르면 당신도 최고의 성경 교사가 될 것이다.

천국의 비밀을 눈으로
직접 보고 느끼도록 수업하기

10
체험

나무, 돈, 진주, 양, 밀, 감추어진 보화, 겨자씨 등이 갖고 있는 공통점은 무엇일까? 예수님은 제자들이 천국의 비밀을 이해하도록 하기 위해 이것들을 시각 자료로 사용하셨다. 교사 중의 교사인 예수님은 추상적인 영적 진리에 대하여 말씀할 때 구체적인 것을 종종 이용하셨다.

주일학교에서 시각 자료를 활용하면 많은 유익이 있다. 학생들이 수업 시간에 하는 생각을 영상에 담는다면 무엇을 보게 될 것이라 생각하는가? 학생들은 상당히 산만할 뿐만 아니라 집중하는 시간도 일반적으로 짧다. 연구에 따르면 일반적인 학생은 수업 시간의 34퍼센트를 교실을 두리번거리는 데 사용한다고 한다. 그렇다면 매시간 그 수업의 주제에 집중하게 하기 위해서 교사는 어떤 수업 환경을 만들고 있는가?

솔직하게 말한다면, 교사는 이렇게 말할 수 있어야 한다.

"여러분은 내가 말한 것을 이해하고 있다고 생각하겠지만 여러분이 듣고 인식하는 것이 내가 말하려는 의도와 같다고는 보장할 수 없어요."

주일학교 어린이들이 그린 그림을 보면 의사소통의 장애가 얼마나 심각한 오해를 불러일으킬 수 있는지 쉽게 이해할 수 있다. 내가 아는 어떤 아이는 아담과 하와가 에덴 동산에서 쫓겨난 이야기를 들은 뒤에 천사가 운전하는 자동차를 타고 두 사람이 에덴 동산에서 나오는 그림을 그렸고, 또 어떤 아이는 요셉과 마리아가 아기 예수를 데리고 애굽으로 피신한 이야기를 듣더니 부부가 아기와 함께 비행기를 타고 애굽으로 날아가는 그림을 그렸다.

교사와 학생은 모든 개념에 대하여 각각 자신만의 의미를 가지고 있기 때문에 둘 사이에는 언어적 장벽이 존재한다. 약간 겹쳐져 있는 두 개의 세계가 있다고 상상해본다. 하나는 교사의 세계이고, 다른 하나는 학생의 세계라면 이 두 세계가 겹쳐지는 작은 영역만이 교사와 학생이 공통으로 갖는 의미의 영역이라 할 수 있다.

예를 들어, 교사가 유년부 학생들에게 불수레와 불말들이 엘리야와 엘리사 사이를 갈라놓고 엘리야가 회오리 바람으로 하늘로 올라가자 엘리사가 엘리야가 떨어뜨린 겉옷을 주워 강을 가르는 기적을 일으킨 성경 이야기를 들려준 다음 이를 그림으로 표현해보라고 한다면, 아이들은 어떤 그림을 그리겠는가? 아무것도 그리지 못하고 백지로 남겼을까? 그림을 그렸다면 어린아이들이 생각하는 불수레와 불말들은 과연 어떠한 이미지이겠는가?

또한 중고등부 학생들에게 교사가 영어 단어 'fast'의 뜻을 물어보면 어떤 대답을 하겠는가? 일부 학생들은 교사의 의도대로 음식을 삼가는 '금식'(fast)을 대답하겠지만, 일부 다른 학생들은 형용사 '빠른' (fast)을 생각할 것이다.

이처럼 교사와 학생 사이에 존재하는 서로 다른 영역을 최소화하기 위해 교사는 어떠한 노력을 할 수 있을까? 이번 장에서는 이러한 방법에 대해 알아보도록 하자.

시각 자료 사용하기

하나님께서 하신 일들을 기록한 성경의 기술 방법을 볼 때 하나님께서는 다양성과 연관성을 좋아하는 분이시며 시각적 효과를 중시하는 분이심에 틀림없다. 하나님의 속성은 일관성이 있지만 하나님께서 사용하시는 방법은 예측불허의 것들이 많다. 그런데 우리의 주일학교는 언제나 따분한 공과만 가지고 수업하고 있지는 않은지 되돌아보자.

하나님께서는 혼자서도 완벽하게 하실 수 있는 일을 종종 사람들을 통해서 이루고자 하신다. 성경에 기록된 하나님의 일 중에서 오직 4퍼센트만이 하나님 혼자 하신 일이며(창조와 다소 사람 사울의 회심 등), 나머지 96퍼센트는 보통 사람들을 하나님의 일로 불러서 일하셨다.

그렇지만 올바른 목적 없이 다양성이나 시각적인 방법만을 채택해서도 안 된다. 먼저 목표를 구체화한 다음에 그 목표를 달성하기 위한 방법을 선택해야 한다. 다음 질문을 적용해보면 최선의 방법을 선택하는 데 도움이 될 것이다.

- 이 시각 자료가 성경 말씀의 뜻을 이해하는 데 도움이 되는가?
- 지속 가능한 방법이며 수업 목표를 달성하는 데 기여하는가?
- 학생들의 연령 수준에 적합하며 제한된 수업 시간에 효과적인가?

주일학교 수업에 쉽게 사용할 수 있는 시각 자료로 성경 이야기를 담은 그림책이나 카툰 등을 활용할 수 있다. 또는 고학년 학생들이 만든 시각 자료를 저학년 학생들이 이용하게 할 수도 있다.

다음의 '노아 이야기'는 한 학생이 색도화지에 형광펜을 가지고 만든 작품이다.

재미있는 시각 자료를 통해 학생들에게 깊은 인상을 각인시켜줄 수도 있다.

다음은 그림을 보고 이것이 어떠한 성경인지 맞히는 문제이다(답은 그림 아래에 있다).

정답 ① 민수기, ② 역대상, ③ 이사야서, ④ 다니엘서

이와 같은 그림 퀴즈는 학생들의 주의를 집중시키고 흥미를 유발할 수 있다. 지난 시간에 배웠던 성경이나 인물, 장소 등을 이런 방식의 퀴즈로 표현해보자.

학생들에게 요점만을 개략적으로 적어 나누어주면 적극적으로 필기하고자 하는 마음과 자세를 갖도록 도울 수 있다(요점을 간추려 적어주거나 필기할 수 있도록 공란을 둔다). 초등학교 3학년이 되면 수업 시간에 필기를 하도록 권하는 것이 바람직하다. 초등부 고학년 학생의 경우에는 요점을 개략적 단어나 상징 또는 선과 원으로 그린 그림 등으로 여백에 필기를 할 수 있다. 미술 교사가 아니더라도 지난 교재, 신문, 혹은 전화번호부 등에서 적절한 그림이나 도안을 다양하게 활용할 수 있을 것이다.

학생들에게 개인별로 공과 필기를 하도록 한다. 공과 필기는 바인더를 활용하는 것이 바람직하다. 부모의 협조를 얻을 수 있다면 바인더의 활용 가치는 극대화될 수 있다. 어떤 목사님은 아들이 주일학교에서 가져오는 그림이나 이야기 유인물로 정기적으로 복습하게 했다. 그 결과, 지난 6개월 동안 모아놓은 그림 중에서 아무것이나 꺼내면 아들이 그 그림에 관한 이야기를 할 수 있었다고 한다. 그 아이는 아직 글을 읽지 못하는(미취학 아동, 유아 유치부에 해당하는 어린아이) 나이였다.

학생들이 성경 이야기를 잘 기억하여 정리하도록 할 수 있는 방법으로 교실에 줄을 걸어놓고 거기에 한 학기 동안 진행될 수업과 관련된 그림들을 지속적으로 걸어놓을 수 있다. 예를 들어 이번 학기 동안 구약성경에 대해 전체적으로 살펴보기로 계획했다면 구약시대를 상징할 수 있는 그림들을 성경 순서대로 줄에 걸어놓는 것이다. 수업 시간에 이 그림들을 활용하여 지난 시간의 내용을 복습시키거나, 때때로 걸린 그림들을 떼어서 순서대로 정리해보는 일을 주일학교에 일찍 온 학생에게 시키도록 한다.

참고로 각 책의 주제어와 그것을 상징하는 그림들은 다음과 같다.

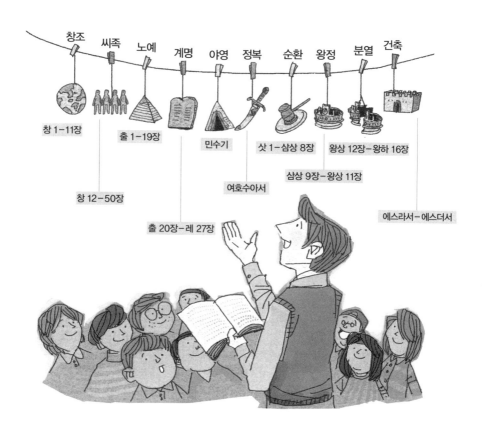

또한 학생들 스스로 성경 내용에 해당하는 그림을 그리게 할 수도 있다. 교사는 학생들이 그 시간에 배운 내용을 나타내는 상징적인 그림을 그리도록 한다. 이때 그룹을 나누어 그리게 하여 자신들이 그린 상징에 대해 발표하게 할 수 있다. 이 그림은 모두가 볼 수 있는 게시판에 붙여 놓는다.

다음의 그림은 느헤미야서의 각 장을 학생들에게 정리하도록 한 다음 각장 내용에 해당하는 상징 그림을 그리게 해서 붙여 놓은 것이다. 이것을 통해 어린 학생들은 느헤미야서의 전체 내용을 쉽게 파악하고 설명할 수 있다.

① 고국 예루살렘의 비참한 형편을 전해 들은 느헤미야가 유다 민족을 위해 하나님께 간절히 기도한다.

② 바벨론 포로 귀환 후 예루살렘 성벽을 돌아본 느헤미야가 왕에게 예루살렘 성벽 재건의 허락을 받는다.

③ 마침내 예루살렘 성벽 재건 공사가 시작된다. 느헤미야의 탁월한 지도하에 일이 신속하게 진행된다.

④ 유다의 대적들이 예루살렘 성벽 재건 작업을 조롱하고 방해한다. 그러나 느헤미야와 백성들은 이에 굴하지 않는다.

⑤ 물질적인 어려움 때문에 백성들이 불평하며 부르짖자 느헤미야는 자신의 청렴결백함을 주장하며 부자들의 잘못을 훈계하여 바로 고친다.

⑥ 온갖 방해와 난관을 뚫고 건축 52일 만에 마침내 성벽 공사가 완료된다.

⑦ 느헤미야는 인구 조사를 실시하여 제1차 포로 귀환자의 명단과 수효를 소개한다.

⑧ 학사 에스라의 주관하에 대대적인 종교개혁이 실시되고, 예루살렘 성문 앞에서 율법책이 온 회중들에게 낭독된다.

⑨ 거국적인 참회 집회가 열리는 중에 백성들에게서 회개 운동이 일어난다.

⑩ 회개 운동의 결실로 언약 갱신이 이루어진다.

⑪ 수도 예루살렘을 강화하기 위해 포로 귀환자들을 예루살렘에 정착시킨다.

⑫ 성전의 제사 제도를 재정비하기 위해 성전 봉사자들인 제사장과 레위인의 가계를 조사한다.

⑬ 느헤미야의 개혁을 통해 여호와 신앙을 회복하는 장면이다.

프로젝터 활용

　교사가 주일학교 수업 시간에 워드프로세서나 파워포인트를 바탕으로 프로젝터를 활용하면 학생들에게 그림을 보여주면서 자유롭게 말할 수 있다.

　그림은 잡지, 신문, 지난 학기의 주일학교 교재 등에서 필요한 것을 복사하여 활용할 수 있고 때로는 학생들에게 적절한 그림을 고르게 한다. 찬송할 악보나 성경 본문 말씀 및 공과 내용의 개요 등을 프로젝터로 보여주며 수업을 하면 훨씬 효과적일 것이다.

　교사 혼자서만 모든 시각 자료들을 만들어야 하는 것은 아니다. 학생들과 시각 자료를 함께 만드는 즐거움을 나눌 수도 있다.

　성경에 나오는 물건(성막이나 제단 같은 것들)의 실물 모형을 학생들에게 직접 보여주는 것이 가장 좋지만 그것이 언제나 가능한 일은 아니다. 그럴 경우에는 성경연구 자료를 모아놓은 책에서 그 물건의 사진이나 그림을 프로젝터로 확대해서 보여주면 성경 공부를 한결 흥미 있게 진행할 수 있다.

　성경 사건은 그 사건이 일어난 장소에 대해서 알고 있을 때 더욱 실제적으로 느끼게 된다. 이를 위해서는 성경 지도 역시 프로젝터로 보여주며 수업할 수 있다. 파워포인트를 이용하여 작성한 것을 프로젝터로 보여주면 지도에 움직이는 동작을 추가할 수 있다(흐르는 선, 돌아가는 바퀴, 깜박거리는 제목 등). 이를 위해서는 파워포인트의 슬라이드 쇼 기능에서 애니메이션 기능을 활용한다.

최근에는 동영상을 포함시킬 수도 있다. 동영상은 멈추고 자세히 볼 수 있으며 강조해야 할 부분이나 놓치기 쉬운 부분은 다시 볼 수 있다는 장점이 있다. 이런 기능들을 주일학교 수업에 응용하면 토론과 상호작용을 촉진할 수 있다.

프로젝터를 통해 다음에 있는 만화 '사자굴 속의 다니엘 이야기'를 보여주도록 하자. 한 장면씩 보여줄 때마다 그림에 해당하는 내용을 교사가 직접 읽어주어 학생들이 눈으로 그림을 볼 뿐만 아니라 귀로도 이야기를 들을 수 있도록 해보자.

사자굴 속의
다니엘 이야기

① 다니엘은 마음이 민첩하여 총리들과 고관들 위에 뛰어났기 때문에 다리오 왕은 그를 세워 전국을 다스리게 했습니다.

② 그런 다니엘을 총리들과 고관들이 질투하였고 이에 다니엘을 곤경에 빠뜨릴 궁리를 하였습니다.

③ 그들은 다니엘이 하루에 세 번 하나님께 기도드린다는 사실을 알고 다리오 왕으로 하여금 자신들이 원하는 금령을 세우고 조서를 쓰게 합니다. 이 조서는 "이제부터 삼십 일 동안에 누구든지 왕 외의 어떤 신에게나 사람에게 무엇을 구하면 사자 굴에 던져 넣는다"는 내용입니다.

④ 금령이 내려졌음에도 다니엘은 여전히 예루살렘으로 향한 창문을 열고 전에 하던 대로 하루 세 번씩 무릎을 꿇고 기도하며 그의 하나님께 감사했습니다.

⑤ 총리들과 고관들은 이 사실을 왕에게 고하고 조서의 내용대로 다니엘을 사자굴에 던져야 한다고 말합니다.

⑥ 왕은 다니엘이 무시무시한 사자들과 함께할 것을 생각하자 마음이 괴로웠습니다. 그러나 어찌할 도리가 없었습니다.

⑦ 왕은 사자굴에 갇힌 다니엘에게 "네가 항상 섬기는 너의 하나님이 너를 구원하시리라"라고 말했습니다.

⑧ 왕은 잠을 제대로 이룰 수 없었습니다. 이튿날 왕은 새벽에 일어나 급히 사자굴로 갔습니다.

⑨ 그런데 다니엘의 몸은 조금도 상하지 않았습니다. 하나님이 이미 그의 천사들을 보내어 사자들의 입을 봉하심으로 다니엘을 보호하셨던 것입니다.

오감 이용하기

　수업 방법을 달리하여 3일 후 학생들의 기억량을 조사한 연구기관의 결과에 따르면, 수업 시간에 '듣기'와 '보기'를 함께 사용하여 가르친 것이 '듣기'와 '보기'의 수업 방법을 각각 사용하여 가르친 것에 비해 듣기는 6배, 보기는 3배 이상 높았다고 한다.

　이처럼 학습은 청각뿐만 아니라 시각 등 다양한 감각을 활용할 때 효율이 높다. 사람들이 오감을 통해 받아들이는 실제적인 지식의 양은 촉각이 1퍼센트, 미각 1.5퍼센트, 후각 3.4퍼센트, 청각 11퍼센트, 시각이 83퍼센트라는 조사 결과도 있다. 따라서 교사들이 주일학교 수업에 시청각을 비롯한 다양한 감각을 활용할 수 있는 프로그램을 고안해내는 것은 사람을 만드신 창조주의 가장 효과적인 설계 방법을 사용하는 일이라 할 수 있다.

　대부분의 교사들이 보여주면서 설명하는 것을 가장 많이 활용하는데, 시각과 청각만으로도 효과적인 수업을 진행할 수 있지만 오직 이 두 감각만 사용하는 것으로 만족해서는 안 된다. 이는 비록 두 손가락만으로 책을 들어 올릴 수 있지만 다섯 손가락을 모두 사용하여 손으로 집어 올리는 것이 훨씬 더 나은 것과 마찬가지이다.

　오감을 모두 사용할 때 우리의 수업은 훨씬 효과적일 것이다. 이것

은 마치 못을 판에 박아 고정할 때 그 판을 통과하여 뚫고 나온 못 끝 부분이 구부러지도록 박으면 더 단단하게 고정할 수 있는 것과 같다.

예를 들어 학생들에게 예수님의 십자가 사건에 대해 설명하려고 할 때, 예수님이 십자가에 못 박히시게 된 이야기를 들려주고 몇 가지 관련 그림을 보여준 다음, 학생들에게 날카로운 대못 끝이 손바닥을 누를 만큼 강하게 만져보게 하고, 이때 대못을 박는 소리를 녹음해서 함께 들려주면 잊지 못할 경험이 될 것이다.

이제 예수님의 부활 사건을 어떻게 오감을 통해 가르칠 수 있을지 생각해보자. 오감을 통해 주일학교 수업을 창조적으로 이끌어나갈 때, 우리는 하나님이 기뻐하시는 성경 특급교사가 될 것이다.

광고하기

　광고는 학생 모두가 잘 볼 수 있도록 프로젝터를 이용하여 보여주거나 전체 학생에게 유인물로 나누어준다.

　신문광고는 독특하며 흥미를 끄는 내용을 포함하여 학생들의 시선을 사로잡는다. 수련회 광고를 예로 들면, 광고 내용에 이번 수련회 장소의 경관이 무척 아름답다거나 함께 즐길 수 있는 다양한 프로그램들이 있음을 소개한다. 광고에 포스터를 이용할 수도 있으며, 광고 시간에 친숙한 광고 음악을 녹음하여 들려주거나 마치 방금 들어온 뉴스인 것처럼 연극을 하는 것도 효과적이다.

　또한 광고를 '암호'로 써서 알려줄 때 흥미를 더욱 유발할 수 있다. 일부 단어를 무작위로 가리고 교사가 단계적으로 가려진 단어를 조금씩 보여주면서 학생들에게 이 암호 글의 내용을 추측하게 한다.

　수업에 대한 호기심을 불러일으키는 다른 방법으로 칠판이나 게시판 등에 질문을 적어놓은 다음 학생들이 도착하면 읽을 수 있게 한다. 예를 들면, "벌레가 박 덩굴을 갉아 먹는 것을 본 사람은?"이라고 적어놓고 학생들에게 문제를 맞히게 한다(정답은 '요나'이다).

　해외에 나가 있는 선교사들의 사진을 보여주며 영혼 구원의 중요성에 대해서 설명할 수도 있다.

✝ 목수가 반드시 전동 톱을 가져야만 하는 것은 아니다. 비서는 꼭 워드프로세서를 할 수 있어야만 하는 것은 아니다. 가정주부가 반드시 전자레인지를 사용해야 하는 것도 아니다.

마찬가지로 교사가 반드시 시청각 자료를 사용해야 하는 것은 아니다. 그러나 수업 시간에 최고의 도구를 사용하면 당신도 최고의 주일학교 교사가 될 것이다.

성경 특급교사

초판 1쇄 발행	2012년 12월 14일
지은이	테리 홀
옮긴이	안종환
펴낸이	여진구
책임편집	박민희
편집 1실	안수경, 이영주, 김소연
편집 2실	김아진, 최지설, 김수미, 유혜림
기획·홍보	이한민
책임디자인	이혜영, 전보영	마영애, 정해림
해외저작권	김나은
마케팅	김상순, 강성민, 허병용, 이기쁨
마케팅지원	최태형, 최영배, 이명희
제작	조영석, 정도봉
경영지원	김혜경, 김경희
이슬비전도학교	엄취선, 전우순, 최경식
303비전성경암송학교	박정숙, 정나영, 정은혜
303비전장학회 & 303비전꿈나무장학회	여운학
펴낸곳	규장

주소 137-893 서울시 서초구 양재2동 205 규장선교센터
전화 02)578-0003   팩스 02)578-7332
이메일 kyujang@kyujang.com   홈페이지 www.kyujang.com
트위터 twitter.com/_kyujang   페이스북 facebook.com/kyujangbook
등록일 1978.8.14. 제1-22

책값 뒤표지에 있습니다.
ISBN 978-89-6097-290-2 03230

규 | 장 | 수 | 칙

1. 기도로 기획하고 기도로 제작한다.
2. 오직 그리스도의 성품을 사모하는 독자가 원하고 필요로 하는 책만을 출판한다.
3. 한 활자 한 문장에 온 정성을 쏟는다.
4. 성실과 정확을 생명으로 삼고 일한다.
5. 긍정적이며 적극적인 신앙과 신행일치에의 안내자의 사명을 다한다.
6. 충고와 조언을 항상 감사로 경청한다.
7. 지상목표는 문서선교에 있다.

하나님을 사랑하는 자 곧 그의 뜻대로 부르심을 입은 자들에게는 모든 것이 合力하여 善을 이루느니라(롬 8:28)

ecpa Member of the Evangelical Christian Publishers Association

규장은 문서를 통해 복음전파와 신앙교육에 주력하는 국제적 출판사들의 협의체인 복음주의출판협회(E.C.P.A:Evangelical Christian Publishers Association)의 출판정신에 동참하는 회원(Associate Member)입니다.